MARIJUANA : GUIDE POUR PETIT JEAN

CONTENU

PRÉSENTATION

Jean me dit toujours qu'il n'y a aucun mal à fumer du cannabis. C'est vrai dans l'instant mais faux le reste du temps. Ce guide a pour but d'aviser les Jean des erreurs à faire et à ne pas faire au sujet de la marijuana ainsi que des conseils pour en tirer le meilleur parti. Plus précisément, c'est un guide pour petit Jean, donc j'y ai inscrit les principes de base de la consommation du cannabis par inhalation et les meilleures applications de ces principes accompagnés d'exemples et d'anecdotes. Mon Jean, je l'aime comme il est et peu importe ce qu'il va faire dans sa vie, je lui souhaite bonne chance.

Je fume un joint quand bon me semble depuis bientôt quinze ans. Un *wake and bake* c'est l'action de fumer un joint directement en se levant. Je fais rarement ça. Pour moi, c'est important de passer aux toilettes avant. Ça ne me sert à rien de fumer si je n'ai pas chié ma première crotte et vidé ma vessie. Avant de fumer, je prends le temps d'observer mon état. Aujourd'hui, il y a quelque chose qui bloque dans ma gorge au fond de mon œsophage comme un sac de plastique pris dans une trappe d'aération. Je parviens plus ou moins à dégager mes voies respiratoires en toussant et en grognant un peu comme si je me gargarisais à sec. À l'intérieur de mes poumons, je sens une légère brûlure sur les parois du dessus. Cette brûlure est en réaction avec ma respiration. La douleur va et vient selon le rythme de chaque souffle. Une douleur que j'appellerais matinale et qui se dissipera progressivement au bout d'environ trente minutes de respiration éveillée ou même plus rapidement en fumant mon joint. En gros, le corps respire différemment pendant le sommeil un peu comme s'il faisait le ménage et moi, le matin, je sors les poubelles. Le *wake and bake* pour moi a un effet pervers similaire à l'envie de boire de l'alcool pour se dessoûler d'un lendemain de veille. Il me donne le sentiment de me remettre en forme, de me réveiller. Si chaque matin j'examine mon état, ce n'est pas tant pour me faire croire de manière hypocrite que je fais attention, que je suis en contrôle et qu'au moindre signe je changerai mes habitudes, mais bien pour me donner un peu l'impression de me nettoyer les poumons en respirant fort, en éclaircissant ma gorge finalement, afin que les conditions soient optimales pour ma prochaine journée de consommation. J'ai accepté le fait que je ne serais jamais au sommet de ma forme physique en continuant de fumer. La bonne santé est un des premiers sacrifices auquel tous les fumeurs consentent.

La chose la plus importante dont Jean doit s'assurer au moment de fumer la marijuana c'est de rester conscient. S'il n'est plus conscient de qui il est, Jean aura de nombreuses occasions de se le faire rappeler. Une des premières fois que j'ai fumé de ma vie, la jeune fille qui était avec moi s'est évanouie dans mes bras. J'ai paniqué. À l'école, nous avions chaque année une formation sur les dangers de la drogue. Pourtant il y avait quelque chose d'envoûtant dans ce moment d'inconscience, car à cause de cela, cette fille allait être ma copine pour très longtemps. Je ne sais pas ce qu'il y a de redevable dans le fait de s'occuper d'une personne pendant qu'elle est inconsciente, mais je me souviens d'avoir naturellement pensé que sans la marijuana, nous n'aurions peut-être pas fini ensemble elle et moi. Évidement s'il arrive souvent à Jean de s'évanouir en consommant du cannabis, je lui conseille de prendre une pause et de consulter au besoin, mais comme ce n'est arrivé que la première fois que nous avons fumé ensemble moi et ma copine, ce dénouement a pris la forme d'un souvenir inoubliable. Un petit accident comme celui-là n'a rien en commun avec les effets néfastes de la consommation de marijuana. Cette plante peut être liée à de nombreuses émotions humaines négatives. Les plus connues allant de l'humiliation, la colère, la tristesse, l'ennui, la déprime, et dans les tabous sont la détresse sociale, la perte de valeur aux yeux des gens qu'on aime, leur éloignement, l'isolement, l'incompréhension de la part des autres ainsi que des troubles de la réalité. Ce n'est pas tant la marijuana qui produit ces effets, mais un manque de vigilance et de préparation mentale de la part de Jean. Le pire c'est que la plupart du temps ces émotions viennent toutes ensemble. Pour moi, la meilleure façon de remédier à ces problèmes potentiels est de rester conscient de ce que je suis, c'est-à-dire bien petit. La marijuana me rappelle que je suis petit, mais c'est un rappel détourné. En premier, elle ne me rappelle rien du tout, c'est le fait de regarder dans l'abysse qui me force à faire un choix très simple : suis-je ouvert ou fermé à l'idée d'être petit comme Jean. Cela ne signifie pas que tous ceux qui se considèrent ouverts au monde devraient consommer de la drogue ni que les autres n'en consomment pas. L'idée c'est que peu importe notre égo ou encore notre volonté, nous sommes tout petit que nous ne le voulions ou non. Le reste n'est qu'un combat intérieur à savoir si nous acceptons cette situation. Accepter finalement que dans l'absolu, nos actes n'aient que très peu d'impact sur l'expansion de l'univers et donc que ces actes que l'on choisit de faire ou pas soient plutôt des messages qu'on se laisse à soi-même. Fumer un joint en dit autant sur Jean que s'il décide de ne jamais consommer de sa vie. Comme on dit souvent, il n'y a pas de fumée sans feu. Quelqu'un qui n'a jamais essayé de fumer est-il prompt à diriger un pays? Sait-il ce que l'on doit faire, comment se comporter quand ses perceptions sont changées? A-t-il du feu? Si l'on choisit des dirigeants qui ne prennent pas de risque, le résultat sera une société stagnante et vulnérable aux changements. Une cible facile pour toutes les autres nations qui savent que l'on ne prend jamais de risque. D'un autre point de vue, si un dirigeant prend trop de risque ou, plus précisément, s'il prend de mauvais risques, il en résultera évidemment un désastre. C'est la même chose pour chaque individu. Avant de faire quoi que ce soit, il faut toujours se demander qui nous somme, quels risques nous sommes prêt à prendre et pour quel résultat. Afin qu'en bout de ligne ce résultat soit en accord avec ce que nous sommes. Il n'y a pas plus de mal à consommer la marijuana qu'à consommer l'alcool, le tabac, le sucre, le café ou l'air pollué. Au final, c'est la personnalité du consommateur qui est décisive.

Alors, qui êtes-vous? Qui êtes-vous en train de lire? J'ai choisi d'écrire un guide parce qu'il n'y a pas de règle dans un guide contrairement à un code. C'est plus difficile de suivre un guide. Il faut tenter d'entrer dans l'esprit de l'ouvrage, faire son raisonnement, en tirer ses conclusions et garder l'esprit critique. Un guide laisse la voie libre, mais demande aux Jean d'être responsables de leurs actes. S'il y avait des règles, Jean ne chercherait qu'à trouver le moyen de les contourner, tandis qu'un guide l'oblige à établir ses propres règles.

Pour une drogue comme la marijuana qui sera bientôt vendue légalement, c'est exactement ce qu'il faut. Rendre les Jean responsables. J'ai trois petits frères et sœurs, de nombreux petits cousins, un petit Québec. Il faut que j'en prenne soin.

Malgré mes nombreuses années d'expérience, je ne conseille à personne de consommer la marijuana. La consommation de drogue, c'est un acte qui ne concerne que Jean et son docteur. Je ne saurais conseiller la marijuana comme objet de détente ou comme remède médicinal. Chaque expérience est unique. Je dirais même que puisque je ne peux la suggérer à personne, lorsqu'on vient me demander mon avis, j'ai tendance à énoncer les nombreux effets négatifs. Imaginez-vous proposer de l'alcool à une personne en détresse. De recommander tel le médecin que vous n'êtes pas un remède qui lui non plus n'en est pas un. Dans un autre temps, il faut aussi voir que la marijuana est tout de même plus indiquée selon moi que certains médicaments que prescrivent les professionnels de la santé. Parce qu'elle est plus naturelle, mais surtout parce qu'elle ne rend pas les gens comme des zombies contrairement à ce qu'on peut penser. Il y a quelques échelles d'intoxication, mais Jean n'arrivera au niveau zombie qu'à de très rares occasions, soit dans les premières fois ou encore après un long sevrage. Il ne faut pas bien longtemps avant de s'accoutumer. Pour l'avoir vécu, entre une substance moins nocive que l'alcool et une pilule qui rendra le patient méconnaissable prescrite par une personne à la solde des grandes compagnies pharmaceutiques, je préfère encore garder mon Jean comme il est. Je peux vous dire une chose bien triste. Malgré tous les effets négatifs de la marijuana, je choisirai encore que mes enfants consomment cela qu'une pilule qui altérerait leur personnalité. Ça, je le dis sans hésitation avec beaucoup de pragmatisme parce que je n'ai pas encore d'enfant. Je n'ai pas pu me le permettre. J'ai pour principe de ne pas faire exprès de me mettre dans des situations difficiles pour lesquelles je n'ai pas encore de réponse. Entre ne pas savoir si l'univers est infini et ne pas savoir quoi dire à mes enfants pour expliquer ma consommation de drogue, je préfère largement le premier problème. Je parle de choix, si pour d'autres expliquer leurs consommations n'est pas un obstacle tant mieux. C'est ça qu'il faut comprendre avec la marijuana, il n'y a pas de règle écrite, mais des principes.

Sans toutefois les banaliser je dirais que les effets de la marijuana sont presque décevants. Les couleurs et les sons ne changent pas. S'ils changent, c'est qu'ils changeaient déjà avant. Il peut cependant être plus facile de croire qu'ils changent après avoir consommé et de se faire des illusions. Je connais un Jean qui attribue principalement à la marijuana un effet amplificateur. Je trouve qu'il y a un fond de vérité derrière cela, mais ce n'est vrai que pour une poignée de situation selon moi. Par exemple, il est vrai que fumer un joint avant le visionnement d'un film peut amplifier notre enthousiasme à l'histoire et faire pardonner les erreurs cinématographiques qui d'habitude nous font décrocher, mais autrement, c'est une pente glissante. Ce que je veux dire c'est que la vie ne serait pas plus ou moins intense sans marijuana, elle serait différente.

Commençons par dire qu'on a retrouvé de la marijuana à des fins récréatives dans le cul d'un mammouth. Si c'est vrai, c'est de la bullshit. Comme Jean le sait, le chanvre est le meilleur matériel organique et cetera. Si vis *pacem para fumigant,* si tu veux la paix prépare le calumet. Non franchement, on n'a pas besoin de fumer pour se faire des à croire. Le pire, c'est que bien souvent les illusions aux plus lourdes conséquences sont celles des gens qui n'ont jamais consommé. Pendant longtemps, ma tante a pensé que c'était moi qui avais montré à Jean comment fumer la marijuana. Son Jean chéri n'aurait jamais pu commettre ce forfait par lui-même, cela ne pouvait venir que de l'extérieur. On voit tout de suite que ce n'est pas la bonne approche. En plus de sous-estimer son fils, elle m'a moi-même sauvagement blessé en me témoignant de sa méfiance la plus gratuite. M'interdisant de revoir Jean pendant des années sans parler de l'effet domino que cela a créé sur le reste de ma famille, cette tante à elle seule m'a fait bien plus mal que tous les effets négatifs du cannabis. À cause de la tension sociale autour du sujet tabou de la marijuana, il arrive un étrange effet de responsabilisation aux consommateurs. Nos comportements étant constamment scrutés à la loupe en comparaison aux buveurs, nous sommes habitués de faire attention à ce que notre consommation gêne le moins possible. La société est prompte à accuser la marijuana de tous les torts. La plupart des gens trouvent normal que les médias mentionnent toujours le fait que le criminel en question consomme du cannabis. Pourquoi pas sa consommation de tabac, de café? Pourquoi ne nous disent-ils pas à quelle fréquence le criminel se fouille dans le nez? Toutes ces informations sont pourtant du même ordre, celui des mauvaises habitudes. Comme si la marijuana était responsable des famines, des guerres, du Sida et des animaux en voie de disparition. Il en est bien le contraire, car à force de se faire cracher dessus et blâmer pour toutes les autres comme un bouc émissaire, la marijuana est devenue la drogue la plus propre sur le marché. C'est un produit à fort potentiel commercial que les pays ne peuvent plus se permettre de bouder et qui est sur la voie de la légalité, non seulement en Amérique du Nord, mais dans le monde en général. D'ici cinq ans, les nombreuses publicités négatives qu'a accumulées la marijuana au fil du temps auront à peu près toutes laissé leurs places pour en promouvoir ses vertus révélant du même coup à quel point l'information peut être flexible d'une époque à l'autre et le public tout aussi malléable. En réalisant cela Jean se sentira un peu floué par le monde dans lequel il vit. Un peu comme si tout n'était que des nuages dans lesquels nous voyons des formes familières et que certains chamans parmi nous prétendent interpréter. En effet, à quoi peut-on vraiment se fier de nos jours? La réponse est seulement sur soi-même. Ce ne sont pas des opinions désintéressées que Jean a entendues dans les médias. Avec toute l'industrie qui s'implique dans la marijuana récréative depuis l'annonce de la légalisation, il est plus important que jamais de commencer à effectuer ses propres réflexions afin de ne pas se faire enfumer la vie. Mon but en écrivant ce guide est aussi de montrer à Jean les questions que je me suis posées, les conclusions que j'en ai tirées, et peut-être un peu me rendre coupable de ce que ma tante m'a reproché à tort, révéler un truc ou deux sur la consommation de marijuana.

CHAPITRE 1: QUI

Comme dans tous les domaines, il y en a qui fume pour fumer et il y en a qui fument pour d'autres choses. Je suggère à ceux qui fument pour d'autres choses de faire autre chose puis ensuite de fumer. La marijuana ne permet pas de faire autre chose. Elle ralentit, elle engourdit, elle conserve, elle réitère. Bien sûr, nous pouvons faire des tas de choses durant les effets de la marijuana, mais il ne faut pas la voir comme une aide motivatrice. Il y a dépendance et <u>DÉPENDANCE</u>. Nous pouvons probablement devenir dépendants de n'importe quel produit consommable, mais il y a une marge entre consommer trop régulièrement et avoir besoin de consommer énormément pour se motiver. Dans le premier cas, le problème est un péché qui se rapporte à la gourmandise, tandis que dans la seconde figure, on peut presque dire que la personne est l'esclave de sa consommation. Elle aura besoin de consommer pour entreprendre quoi que ce soit et n'entreprendra souvent que les actions qui mèneront à plus de consommation. Heureusement, ces problèmes surviennent plus souvent avec les drogues dures dérivées de la plante de coca ou du pavot, mais combien de fois entendons-nous la phrase :

- Avant de commencer, ça va me prendre un café.

En fait, nous sommes le jouet des plantes. Comme le café, les effets de la marijuana sont trop subtils pour que réellement nous ne puissions nous en passer en cas de force majeure sans que cela joue sur notre moral, mais c'est justement le piège. Je me dis souvent que cela ne fait rien si j'abuse un peu, que ce n'est pas grave. Alors je ne compte plus les entorses au règlement. Avec l'expérience, Jean comprendra quelles règles il doit suivre. Il comprendra surtout qu'il est nécessaire de s'imposer des règles à soi-même avant de consommer. Un peu comme les gens qui ne prennent pas de café avant de se coucher de peur de ne pas pouvoir s'endormir. Le café c'est chaud ça m'endort, c'est le pot qui me garde éveillé. Je ne fume jamais pour dormir. Je fume pour fumer et je dors pour dormir.

Ces règles bougeront au fil du temps. J'ai consommé à partir de l'âge de seize ans. Ceux qui n'ont jamais consommé diront que c'est très tôt. Ceux qui consomment depuis longtemps seront surpris d'un début si tardif. Moi-même, je trouve que c'est tard parce que mes amis fumaient tous depuis longtemps. Je suis content que cela se soit fait tard et j'aurais préféré plus tard encore pour préserver ma santé. L'âge de 18 ans me semble approprié. Une femme m'a un jour demandé en Anglais "does only age make you a man?" Je crois que l'âge pourrait être plus, il pourrait être moins, c'est hypocrite de se dire que tout le monde est mûr à 18 ans seulement parce que c'est 20 moins 2 et que cela semble symétrique, mais comme notre société aime se raconter des histoires, aussi bien que l'âge légal de consommer soit le même que pour les autres substances. Ne serait-ce que dans le but de maintenir l'impression de savoir ce que l'on fait et d'être constant dans nos décisions. À moins que l'on préfère encore une fois tenir la marijuana pour bouc émissaire et la déclarer plus dangereuse. Bref, oui j'ai commencé tôt, mais je ne me suis pas lancé dedans sans avoir préalablement établi mes règles. J'ai commencé à fumer au secondaire, mais j'ai attendu jusqu'au Cégep pour fumer pendant la semaine. Ce n'est qu'à l'université que je me suis mis à fumer avant le cours. C'était une façon de rester éveillé, mais j'ai eu honte quand je me suis rendu compte que je dérangeais des gens avec l'odeur. Faut dire qu'à l'université j'avais eu largement le temps de m'habituer aux effets après des années de consommation. J'ai testé la marijuana sur mes études, mais ce n'était pas si risqué, car j'étudiais en philosophie. Avant, je croyais vouloir être ingénieur pour sauver le monde en construisant des autoroutes écologiques, éliminer le gaspillage et produire assez pour tous. Mon expérience personnelle est que la marijuana ne s'accorde pas bien avec les mathématiques, car il faut de la rigueur et de la discipline pour cette matière. En revanche, elle n'a pas pour moi d'effet négatif sur l'imaginaire. Au contraire, quand on est au point mort dans la rédaction, fumer un joint peut amener le débalancement et l'audace nécessaire afin d'offrir un texte authentique. Ceci dit, ce n'est pas pour tout le monde. Bien des gens n'ont pas besoin d'être aussi authentiques dans leurs rédactions de la vie courante. C'est un outil dont il faut toujours se méfier de peur d'être un peu trop authentique et de n'avoir plus de sens que pour soi-même. Il ne faut pas non plus, comme je le disais faire de la marijuana une <u>DÉPENDANCE</u> pour nos autres activités.

À mon avis il y a certainement des gens qui devraient s'abstenir de consommer la marijuana. Généralement ce sont ceux qui sont nerveux à l'idée de fumer. J'avoue que quand je rencontre des gens qui me disent qu'ils ont une imagination trop fertile, qu'ils ont peur d'halluciner, qu'ils planent déjà en buvant une tisane, ou encore que leur drogue c'est la vie, je relève le sourcil une seconde puis après je me dis que je suis bien content qu'ils ne fument pas. Penser que ces gens-là iraient mieux s'ils se fumaient un pétard, c'est se fourrer le doigt dans l'œil. Il y a déjà bien assez de ceux qui sont tellement à côté du chemin qu'ils ne se rendent pas compte qu'ils ne devraient pas consommer. Si Jean n'a pas de job, pas d'argent, pas de bouffe, s'il est dans la merde, qu'il a trop de frustration qu'il n'arrive pas à s'expliquer, avant de fumer il devrait revoir ses priorités. La marijuana c'est un luxe que beaucoup ne peuvent se permettre. Cependant ce n'est pas immoral comme la cocaïne pour laquelle il faut que des gens meurent pour qu'elle se rende jusque dans notre nez.

Ce serait quand même paradoxal de conclure que personne ne devrait fumer de la marijuana. Ma sœur jusqu'à maintenant a toujours été pour moi une petite fille un peu timide, réservée, souvent dans son monde et sage comme une image. Je sais que les choses peuvent et vont changer. Au fur et à mesure qu'elle subira des échecs, aura des déceptions et se rendra compte que bien des idées auxquelles elle croyait étant jeune n'étaient que des illusions, elle se sentira de plus en plus petite. Ça lui donnera peut-être le goût de tenter les choses pour lesquelles elle n'avait pas d'intérêt ou encore celles sur lesquelles elle avait une mauvaise opinion. C'est un peu pour qu'elle reste la même petite sœur que j'ai connue que je n'approuverais pas qu'elle se mette à fumer. J'ai peur du changement, de ne pas savoir si je serai toujours son grand-frère après ça. Penser qu'elle ne changerait jamais fut la grande illusion que je me suis faite à son sujet pendant des années. Évidemment que le monde change. C'est selon moi la plus grande peur justifiée des non-fumeurs. La peur du changement et de ne plus partager le même monde que les Jean qu'on aime. Il ne faut pas sous-estimer le pouvoir transformateur d'une bonne chicane, la rencontre de nouvelles personnes ou encore d'un premier amour. Pourtant nous avons tous été jeunes, mais sans nous apercevoir que nous-mêmes changeons sans arrêt, nous exigeons de nos pairs de rester les mêmes. Entre nos exigences envers les autres et nos propres choix, il faut que le discours reste cohérent. Je ne crois pas que le statu quo soit une bonne solution. Les jeunes et les Jean que nous aimons, si nous ne leur parlons pas, nous pouvons le regretter. Quand on parle avec les jeunes, il faut être honnête avant tout. Avec soi comme avec eux. Bien des fois étant jeune, je me suis rendu compte que les adultes ne font pas un grand effort d'honnêteté pour obtenir ce qu'ils veulent. Pourtant pouvoir faire confiance est ce que tout enfant recherche. Si ma petite sœur voit que je ne tente pas de la duper, que je m'inquiète pour des raisons légitimes, cela ne garantit pas qu'elle ne consommera jamais de marijuana, mais qu'elle pourra compter sur moi. En un sens, cela redéfinira le lien entre nous, prouvant au passage que la famille quand elle n'est pas contraignante, est toujours une force sur laquelle compter. Soutenir Jean dans toutes ses décisions est à mon sens le principal rôle de sa famille. Autrement, tenter d'interdire l'usage de la marijuana à quelqu'un c'est non seulement en faire la promotion, mais à la fois plaider pour une séparation indésirable. Mettre son pied à terre est extrêmement risqué à notre époque. Chacun peut partir très rapidement où il le veut et ne jamais revenir. Quand on y pense, c'est un dénouement aussi pire que la mort. Je suggère fortement aux gens de ne pas mettre une limite à ce qu'ils aiment sans limites. Les phrases comme :

- Si tu fais cela, tu ne pourras plus jamais…

Ou

- Nous ne pourrons plus te supporter si tu continues à…

Ce sont comme des défis qui ne rapportent pas grand-chose dans le fond, ce n'est pas payant. Essayer de dissuader par la peur pourrait marcher à court terme, mais rien ne pourra être bâti sur cette peur. Au final, ces phrases qui se voulaient d'amour sonneront comme un rejet dont la seule leçon en sera une d'humilité pour celui qui les prononcera. Quand on y pense, ce genre d'avertissements extravagants sort tout droit de la télévision, car on ne peut pas proférer de telles menaces sans se prendre pour un roi. Au contraire, dans la vie, il faut toujours privilégier la discussion et ne jamais voir qu'une issue dans un conflit.

Quand j'ai commencé à consommer, mes parents s'y sont tout de suite fortement opposés. Je leur ai offert de fumer avec moi. Je voulais leur démontrer qu'il n'y avait rien de bien méchant à consommer. Mes parents passaient leurs soirées à boire leurs bières devant l'écran. Je les ai souvent vus dans un état pitoyable tenter de me faire la leçon sur la marijuana. Pendant longtemps, j'ai mal compris pourquoi ils avaient refusé de fumer avec moi. J'ai pensé que c'était de manière purement subjective de leur part ou encore pour avoir le plaisir de faire la loi et jouer à être des parents. Ce fut l'instinct qui motiva leur réponse négative plutôt qu'une réelle réflexion. Les effets de la marijuana ne sont pas si perturbants pour justifier la peur qu'elle inspire, mais les parents sont contraints à de nombreuses choses. Ils ne peuvent pas vraiment se permettre d'être petits. S'il est normal qu'une petite sœur soit en période de changement, les parents quant à eux doivent maintenir leur image afin d'offrir un modèle d'environnement stable à leur enfant. Ce n'est plus tant une question de marijuana, mais de principe. Étrangement, ces principes ont tendance à prendre le bord quand il s'agit d'alcool qui est une substance mieux accueillie dans la société. J'imagine qu'on a droit à nos petites contradictions, mais que le processus de légalisation permettra de jeter un nouveau regard sur ce point. Quoi qu'il en soit, je ne crois pas que je reproposerai un jour à mes parents de consommer de la marijuana qu'en vint même que ce soit légal et que je sois un adulte maintenant. Les raisons qui m'ont poussé à le faire avant étaient mal intentionnées et sournoises. Je voulais forcer ma victoire. Au-delà d'une perte de crédibilité et d'autorité, s'ils s'étaient permis de fumer, ils n'auraient pas été les parents dont j'ai l'image aujourd'hui. En quelque sorte, si à l'époque il ne faisait aucun doute que j'avais parfaitement raison de me questionner sur la pertinence de ces soulons m'interdisant de fumer, maintenant c'est pour avoir conservé leur identité que j'approuve le geste. De toute façon, même s'ils avaient fumé cela n'aurait pas changé la conclusion.

Enfin si la marijuana n'est pas recommandable pour les sœurs et frères que l'on chérit ni pour les ainés que l'on respecte, il reste encore les amis. Ici Jean me fait remarquer qu'il y a deux catégories d'amis qui nous intéressent, ceux qui ne fument pas et ceux qui consomment déjà. Il y a de bonnes raisons de faire la différence entre les deux groupes et de s'adapter en conséquence. Parmi le groupe de non-fumeurs, peut-être que certains ne seront pas très à l'aise avec le fait de savoir que Jean consomme. Le mieux est d'éviter entièrement qu'ils en prennent connaissance, ensuite d'éviter de s'afficher comme un fumeur parmi ces gens-là. Après tout, ce n'est pas la consommation de marijuana qui vous rapproche. Chercher à renforcer ses liens avec ses amis en les introduisant à la drogue, c'est faire erreur. Misez plutôt sur ce qui vous rapprochait avant que vous ne deveniez fumeur. Ceux qui se mettront à fumer par votre faute pourraient vous en vouloir un jour, mais le plus gros risque c'est de transformer complètement votre groupe d'amis. De gens qui s'amusaient ensemble, vous allez passer à Jean qui fumaient ensemble. Un groupe de fumeur c'est plus dur à faire bouger, à faire réfléchir. Enfin, il se pourrait malheureusement que Jean transforme les raisons mêmes qui faisaient d'eux des amis. Peu à peu la marijuana est susceptible de prendre toujours plus de place dans la relation et devenir le principal lien entre eux. C'est un peu morbide de vider l'essence de ses relations pour les refonder sur la marijuana.

En somme, je crois que pour l'instant les seuls à qui il soit recommandable de consommer sont ceux qui fument déjà. Ceux-là, Jean peut leur dire qu'ils devraient fumer un joint. Ça se voit que ça fait longtemps qu'ils n'ont pas fumé, ils sont énervés. Je reconnais les problèmes de santé et les difficultés familiales que la marijuana m'a apportées, alors pour avoir été initié, j'évite de moi-même initier qui que ce soit. Le poids de cette responsabilité doit revenir à Jean et je ne vois pas d'autre manière de m'assurer qu'il ne soit pas influencé qu'en évitant de lui exposer ma consommation. Ceux qui font abstention de tous les vices dans la vie sont tout de même rarissimes. Il ne faut pas s'offenser si Jean décide de consommer malgré nos efforts pour limiter son exposition à la marijuana. C'est une décision identitaire. Pas dans le sens que la marijuana sera désormais son identité, mais qu'il a besoin de prendre ces décisions par lui-même. Si vraiment il y a de l'inquiétude parce que Jean est ce qu'il y a de plus précieux au monde à nos yeux, je suggère d'aller voir un peu de propagande pro-marijuana pour équilibrer la trop grande inquiétude que la lutte antidrogue a laissée dans l'esprit des gens. Ainsi ça nous donnera une chance de revoir qui a dit quoi, pourquoi et réévaluer.

La marijuana invite à la consommation en groupe. D'abord, à moins d'en cultiver, Jean doit se la procurer d'une personne, un vendeur avec qui il y aura non seulement un échange de valeur mais également d'informations. Il informe de ses propres impressions du produit et d'autres menus détails. Des liens de confiances et d'amitiés peuvent se créer. Donc nous parlons ici d'une fréquence d'interactions humaines. Ensuite, au début, Jean n'est pas habitué de fumer. Il n'a pas de bong, de pipe, ou d'autres instruments de consommation, il ne sait pas comment rouler, le papier se déchire, la colle décolle et le joint ne fume pas. C'est normal, il n'a qu'une vague idée de comment faire, il faut observer un peu et ce qui au début semblait être une prouesse deviendra aussi facile que de se faire cuire un œuf. Encore une fois, Jean ira voir un fumeur qui l'aidera à rouler moyennant évidemment quelques touches qu'il lui offrira volontiers en gage de bonne amitié et souvent comme cela de nouveaux groupes se forment. Plus tard, chacun aura de plus en plus tendance à fumer de son côté, l'un n'aime pas partager, l'autre préfère son joint roulé d'une certaine façon et Jean lui plane davantage quand il est dans sa bulle. Les rencontres se feront plus rares et les joints de groupes auront un aspect protocolaire. Un peu pour que tout le monde soit sur la même longueur d'onde, mais surtout de manière symbolique. Un autre aspect du joint qui conduit à ce qu'on le fume souvent en groupe, c'est que contrairement à d'autres substances, sa consommation se fait sur une longue durée. Il peut être en effet malaisant pour une personne seule de fumer un joint entier d'un seul coup. Un moment donné, même avec toute la volonté du monde, les poumons ne sont plus capables. Il faut le passer. La qualité de la marijuana en ce qu'elle peut être consommée relativement lentement, en fait une drogue de partage. Elle a en commun ce trait avec l'alcool qui se partage également bien.

Fumer en groupe est une tout autre dynamique. Même l'expérience change un peu. Ça a de quoi faire réfléchir sur les vrais effets de la marijuana quand le nombre de personnes influe sur le résultat. Moi en groupe, ça m'affecte bien moins. Il faut dire que je ne suis pas le plus expressif de la gang. La politique du joint qui passe est celle que Jean devra définir quand il s'en allumera un en groupe. Avec des fumeurs inexpérimentés, c'est une politique générale, par exemple 2 ou 3 puff passes. Ça, c'est ce qu'on fait quand on est jeune et fauché, que le joint est petit et les ressources limitées. Ce qui intéresse les fumeurs expérimentés dans cette politique, c'est justement de respecter le protocole. En ce sens, ils auront plusieurs joints en extra déjà roulés pour que la quantité ne soit jamais un problème et veilleront plutôt à ce que tout le monde partage la même expérience. Fumer en groupe, c'est porter l'attention sur le groupe plutôt que sur soi. Pour cette raison, la plupart auront également leurs joints de marijuana de variété différente et le mariage des saveurs est vraiment l'effet espéré lorsqu'on fume en groupe. Finalement, fumer en groupe doit mener à la bonne entente au partage et à l'harmonie.

Enfin, il reste une dernière catégorie de gens que j'ai évité de mentionner parce qu'il n'y a pas de façon de bien paraître pour moi si j'en parle. Il s'agit des petites amies. Je confesse que dans une autre vie, j'ai initié deux personnes. Comme je suis plus bête que la moyenne des ours, ces deux personnes étaient importantes pour moi. Deux jeunes filles bien maigres qui mangent quatre fois moins que moi. Avec la première j'ai fumé un joint dans le parc à Anjou qu'on surnomme Grosbois. Après quelques minutes, elle trouvait que ça tournait pas mal. Elle était très confuse, mais je savais qu'elle le serait. J'ai pensé qu'elle était comme moi, que la confusion serait une chose plaisante pour elle, que cela lui permettrait de réévaluer. S'il y a quelque chose que j'aurais dû apprendre de cette expérience, c'est qu'il y a des gens qui ne fonctionnent pas comme ça. Ils ont besoin que leurs sensations soient les plus stables possible et ne voient aucun intérêt à la confusion. Pour ces personnes les effets de la marijuana se traduisent par de l'inconfort. Je me rends compte en écrivant à force de retourner dans mon passé que je n'ai pas toujours été le guide que je me propose d'être, mais il n'est jamais trop tard pour faire les bons choix en tentant de mettre des mots sur mon expérience. Oh oui qu'elle s'est jetée dans mes bras et sa caresse était douce, mais ça n'en vaut pas la peine quand c'est le souvenir du désemparement qui reste gravé. Je me rappelle en partie de ce que je voulais. Il est évident que je voulais l'impressionner pour la garder près de moi tel un vrai amateur. Je voulais me servir de la marijuana comme un sot, quelqu'un qui n'aime que soi-même au fond. Il y a une part de jeunesse là-dedans, pas étonnant que ça n'ait pas marché.

Ce qu'il y a de plus surprenant par contre, c'est que j'ai osé recommencer avec une autre. À l'exception que cette fois-là, c'était un brownie qu'elle a consommé, donc une dose au moins 3 fois plus grande. C'est ce qui arrive quand au lieu de réfléchir, Jean se fie à des règles. Une fois qu'il a des belles règles plaquées or, Jean se dit qu'il est blindé. Ça ouvre la porte à une plus grande stupidité. La pauvre à vomi pendant deux heures sans que je ne puisse rien faire sauf lui tenir les cheveux comme un épais. Après la première initiation je me suis promis de ne plus jamais mettre un joint dans les mains d'un non-fumeur, mais quelques années plus tard je contournais ma promesse en me persuadant que les résultats seraient différents par ingestion. Le fait que j'ai recommencé deux fois la même bêtise m'a fait comprendre que j'ai un pattern. Un côté petit qui veut et qui agit comme si tout le monde était Jean. Cette fois, je ne pensais plus à impressionner, c'était plutôt pour soulager les crampes et les diverses douleurs chroniques que j'offrais un brownie à ma copine. Quand on ne s'intéresse qu'à une chose dans la vie. Après la mésaventure, j'ai réalisé que cette fille ne connaissait pas mon monde, qu'elle n'avait pas à le connaître et peut-être qu'elle ne le connaîtrait jamais.

Ne pas s'afficher

CHAPITRE 2: QUOI

La marijuana peut sembler être un produit naturel et beaucoup en font la promotion comme telle, mais il faut toujours garder à l'esprit que c'est une plante vendue plus que modérément transformée. Le concombre par exemple, quand il n'est pas emballé est simplement cueilli, lavé ou non, puis vendu dans un bac. La marijuana est récoltée en cocotte et des gens s'occupent de la trimer, c'est-à-dire de la débarrasser de toutes les feuilles et tiges indésirables. Donc chaque cocotte est manipulée quelques secondes et transformée pour en faire un produit de belle apparence. Puis elle est pesée, emballée, identifiée et étiquetée. Avec l'habitude, je ne la regarde plus vraiment, je me dépêche de la couper en tentant de battre le record du rouleur le plus rapide de la rue Saint-Hubert, mais il faut admettre que la cocotte de marijuana est vraiment mystérieuse. Si elle est d'une bonne qualité, l'odeur qui l'accompagne me fait presque croire que la nature veut me dire un secret. Nous regardons souvent les plantes comme des formes de vie primitive, mais il faut bien admettre que c'est en fait nous qui sommes primitifs dans ce monde quand le parfum d'une seule cocotte peut faire rêver. Nous sommes petits alors on se fait de belles illusions.

La plupart du temps, la couleur de la marijuana sera directement proportionnelle avec l'aisance à l'inhalation, c'est-à-dire que plus la plante sera pâle plus le goût et la texture de la fumée seront faciles à respirer, et plus elle sera foncée plus il faudra la combattre et presque la mâcher pour la consommer. La qualité de deux échantillons d'une même sorte sera par défaut jugée meilleure lorsque la couleur tend vers le pâle.

Au début, la marijuana c'est comme le sushi, ça sent bizarre, c'est difficile à avaler sans s'étouffer puis Jean n'est pas sûr de s'il aime ça. Il y en a qui aime du premier coup, il y en a qui n'aimeront jamais et puis souvent, il y a ceux comme moi qui ont besoin de temps avant de s'habituer. Dans la première année de consommation, Jean aura tendance à toujours rechercher de la marijuana de meilleure qualité. Dans l'espoir un peu d'atteindre le sommet. L'ennui quand on commence à fumer, c'est qu'on ne sait pas ce qu'il y a en haut. On ne sait pas qu'on ne pourra jamais le savoir. Avant de pouvoir réaliser cela on aura tôt fait de dégringoler plusieurs fois. Je suis bien à une certaine hauteur. Il faut que chacun trouve la sienne, mais généralement tout le monde comprend que ça ne sert à rien d'aller plus haut à moins que ce soit pour une opération commando. Avec le temps, j'ai perdu l'engouement pour les différentes sortes de marijuana que je consomme, l'important c'est que ça canne et pour cela il faut toujours varier.

Mon impression est que ma première année de consommation fut la plus déstabilisante, puis je me suis habitué aux effets. Pendant cette période, il se passera des choses dont Jean ne se rappellera peut-être pas. S'il en a le temps ce serait une bonne idée de saisir un crayon et du papier, ou un instrument de musique, quelque chose relatif à l'art, n'importe quoi pour se laisser une trace d'un vécu autre que les jeux vidéo. Il y a bien un niveau d'intoxication obscure accompagné de vagues d'oscillements involontaire du corps. Cela peut être paniquant et fascinant lors des premières consommations. C'est un genre de :

- Oh mon Dieu! On arrête tout!

Jean peut en arriver à se demander s'il est encore lui-même ou s'il est lui pour la première fois. Il peut même arriver de se croire dans une sorte de bulle psychique, voir une pièce de théâtre. Oui, j'ai parlé de panique parce qu'il est possible que cela provoque une intense remise en question. Si l'on ne s'est jamais remis en question de sa vie ça peut être choquant. Moi, je considère que ça reste une expérience intéressante de voir les choses autrement. Ça permet de se recentrer, mais ce n'est pas tout le monde qui veut se recentrer.

Si on ne veut pas arrêter de fumer pendant au moins un mois pour prendre une pause en vidant notre corps, le meilleur moyen de déjouer l'accoutumance et s'attarder un peu plus longtemps sur ces questions existentielles est de changer de sorte de marijuana environ chaque deux semaines. Changer de sorte implique qu'il y aura certaine fois que la consommation sera très décevante et d'autre fois épatante.

J'ai souvent reçu de la marijuana qui sentait très bon, mais qui ne livrait pas ses promesses, l'odeur n'est pas un gage de satisfaction. Parfois elle n'est là que pour décorer, d'autres moments elle détermine le goût. Il faut commencer le plus tôt possible à essayer de retenir les caractéristiques de chacune des variétés associées à chacun des vendeurs. Parce que ce n'est pas vrai que tous les vendeurs ont la même spécialité. Avec la légalisation, peut-être que le produit d'un fournisseur se retrouvera un peu partout, mais il faudra quand même porter attention, car d'une récolte à l'autre la qualité varie également. Je ne suis pas un grand dégustateur. Je n'ai jamais fumé la marijuana comme certains boivent du vin simplement pour goûter. Ce n'est pas une joie énorme pour moi de gouter le pot. Je ne me penche pas pour sentir toutes les belles fleurs qui se trouvent sur mon chemin. Si vraiment il y en a une qui vaut la peine, elle va se faire connaître, elle va resplendir des autres et c'est elle que je vais humer.

Il existe une règle dans le commerce avec laquelle nous sommes tous familiers, il s'agit de celle de l'offre et la demande. Cette règle est très influente sur le prix des produits et en tant que marchandise le coût de la marijuana y est très sensible. Dans mon temps, un paquet à 20$ à Saint-Michel coûtait 40$ à Outremont. La raison est qu'il y a moins de vendeurs à Outremont. Je conseille seulement à Jean comme je lui ai déjà dit, de toujours garder un œil sur ses dépenses et de revoir ses priorités au besoin. Bien sûr pour lui garder un œil souvent ça veut dire 50$ en cas d'urgence. C'est fascinant. Évidemment qu'il n'a pas une bonne perspective d'avenir s'il n'a que 50$ de lousse, mais lui ça le rassure. Avant de se permettre de fumer de manière quotidienne, il faut avoir un coussin de plusieurs milliers de dollars, une formation et un plan de vie. Autrement ça n'augure pas bien. J'en refais mention parce que c'est tellement dommage selon moi que des Jean perdent de grandes opportunités parce qu'ils n'ont pas le sens des priorités. La consommation de marijuana est ni un moyen ni un objectif. Enfin, dans la règle de l'offre et la demande, l'argent est une chose en effet, mais il y a aussi pour le niveau de la qualité que cela vaut la peine. Il n'y a rien de pire que de se retrouver avec un vendeur de mauvais pot parce que justement ça coûte de l'argent et rien ne garantit qu'il se procurera mieux la prochaine fois. Dans ce cas-ci, c'est l'offre qui n'est pas suffisante. Quand la marijuana sera légalisée l'offre sera abondante, mais il semble que ce sera une société d'état qui s'occupera de vendre et non des entreprises concurrentielles. Nous parlons ici d'un monopole qui j'en suis convaincu, coutera extrêmement cher pour les consommateurs. Il n'y a qu'à regarder comment ils nous volent depuis des années avec l'alcool. Que le gouvernement rende vraiment service à la population dans le domaine de la marijuana de qualité et à bas prix tiendrait du miracle.

Concernant la qualité de la marijuana, il y a de trop nombreuses raisons pour lesquelles elle pourrait s'être dépréciée. Le meilleur moyen de savoir si la marijuana est de bonne qualité, c'est de se faire confiance. L'effet du cannabis n'a pas besoin d'être recherché, il se présentera à Jean de manière facilement reconnaissable. Une bonne marijuana ne laissera aucun doute dans sa tête à savoir s'il est gelé. Quand je fume mon dragon vert est apprivoisé, je ne veux pas avoir à le chasser. Il y a quelques lots mal récolté ou mal poussé qui ne produisent aucun effet, mais même du cannabis cultivé à l'air libre a son petit côté magique qu'il faut savoir reconnaître.

Parmi les gaffes les plus courantes, plusieurs fois j'ai acheté de la marijuana sans savoir qu'elle contenait des graines. Pour moi la valeur d'un sac avec des graines dedans est de zéro. Je le prends comme une crosse, une insulte que le vendeur me fait. Premièrement, rien de bon ne pousse de ces graines. Deuxièmement, le fait qu'il y ait eu fécondation de la plante enlève presque entièrement les effets du cannabis en plus de laisser un goût indésirable. Ce phénomène se produit à cause d'une fécondation involontaire mais c'est l'erreur du vendeur selon moi. L'autre arnaque est celle de mettre un produit sur les cocottes comme du parfum, pour couvrir peut-être une marijuana de faible intensité par une forte odeur qui la rendra plus attirante. Cette supercherie peut être décelée par un pétillement anormal de la marijuana lors de la combustion. Bref les moyens de contrefaire une bonne cocotte de marijuana sont nombreux et astucieux, sachant cela il ne faut pas se gêner d'exprimer nos doutes et toujours assumer le pire.

CHAPITRE 3: QUAND

Le meilleur moment pour fumer de la marijuana est le plus tard possible. Que ce soit pour une première fois ou après plusieurs consommations. Le mieux c'est de commencer à fumer à 99 ans, en décembre, le dimanche, à 23h59. Jean n'aurait pas manqué grand-chose s'il n'avait jamais fumé de sa vie. Sinon le plus tard dans l'âge, l'année, la semaine, la journée et ensuite les séances les plus distancées possible. Que l'on soit pour ou contre la marijuana, c'est un des rares points qui fait consensus mais pas pour les mêmes raisons.

Ceux qui sont contre la marijuana prétextent généralement la bonne santé, l'inquiétude pour Jean et la peur de ce qu'ils ne connaissent pas. Parfois ces gens-là ne se gênent pas d'utiliser tous les moyens de pression désagréables pour que Jean soit comme ils le veulent et qu'il leur obéisse finalement. C'est ignoble à deux niveaux car premièrement, ils remettent en cause son indépendance et son bon jugement, comme s'ils étaient propriétaires de Jean, puis ensuite, sans même y penser, ils ne se donnent pas la peine de le laisser faire ses propres conclusions, le leitmotiv de ce guide. Enfin, l'autre pression horrible qu'ils lui font ressentir même si ce n'est pas tellement leur faute, car ils ne sont pas conscients de ce phénomène qui se développe dans le temps, c'est l'exclusion peu à peu du groupe identitaire. C'est-à-dire qu'au fur et à mesure de ses consommations, Jean sera considéré d'abord en sa qualité de poteux, plutôt que pour tout ce qu'il a toujours été. Bref, ce sont les menaces directes et inconscientes des détracteurs de la marijuana pour nous convaincre de fumer le plus tard possible.

En 2018, les fumeurs sont bien conscients maintenant du risque pour la santé. À quelque part la vie c'est bien plus compliquée que juste ne pas fumer. On se le prouve à tous les jours avec le beurre, le sucre et la panure, mais ce n'est pas tout le monde qui l'accepte pour la marijuana. J'ai même de la difficulté à dire que la marijuana est plus nocive que le sucre. Que sais-je de ces prétendues saines manières de vivre si ce n'est qu'elles changent toutes les années comme une mode?

Bien entendu ce n'est pas pour autant qu'il faut faire exprès de s'abîmer la santé. Nous gardons toujours en tête ces risques quand nous consommons. D'ailleurs, ça ne prend pas beaucoup de temps avant que les effets négatifs sur le corps ne viennent nous le rappeler. Il m'est arrivé plusieurs fois d'avoir trop mal aux poumons pour fumer. Il faut être à l'écoute de son corps, d'où l'avantage de repousser sa consommation et de fumer le plus tard possible. Cela permet aussi d'exercer et de tester son contrôle sur la marijuana. Cependant, avec les drogues, j'ai toujours trouvé important de ne pas chercher à tester ses limites. Une fois que l'élastique est pété, il ne sert plus à rien. Il faut également penser que si l'alcool a une façon rapide de nous indiquer que nous avons trop bu, les drogues sont en revanche bien plus sournoises dans le domaine des limites. Il est improbable de mourir d'une surdose de marijuana, mais je considère quand même que ça laisse à méditer. Il n'est pas exclu qu'un jour la marijuana soit assez puissante pour que nous devions nous en inquiéter ou encore qu'il n'y aura pas une nouvelle substance qui sera plus nocive. Si on fait fi des raisons de santé, le principal avantage à espacer ses séances de consommation c'est que cela rendra l'effet bien plus poignant. Il y a dans le corps un principe d'accoutumance qui fait qu'on doit attendre un peu avant de fumer. En d'autres mots, la consommation de marijuana enseigne qu'il est inutile de fumer plus qu'une certaine quantité en un temps donné. Ce délai est sans doute variable selon la personne, mais pour moi il se situe à environ 0.2 gramme aux quarante-cinq minutes. En tant que consommateur Jean devrait faire l'effort de savoir ce genre d'information. Cela lui permettra de se forger une idée de ce qu'est le cannabis, mais également d'un point de vue pécuniaire d'épargner sur les consommations au même rythme que la préservation de sa santé comparativement à une fumerie dans la débauche et sans relâche.

Oublier de fumer est la meilleure chose au monde. Quand Jean vient pour consommer puis tout d'un coup le téléphone sonne et sa copine a besoin d'une information qui lui nécessite d'ouvrir son ordinateur, puis qu'ensuite il est distrait par un courriel qui l'entraîne dans d'urgentes occupations. Les fois que cela m'arrive, j'ai la drôle impression d'avoir vécu. Comme si le fait d'avoir oublié si facilement de fumer me rappelait en échange que la vie a encore son lot d'aventures à me laisser. J'en parle pour tout ce que cela a de terrifiant et de fascinant de montrer cette vision des choses. C'est d'autant plus plaisant d'oublier de fumer lorsqu'en plus je me rends compte qu'il me reste encore un joint déjà roulé.

Les premières fois que Jean fumera, il se peut qu'il ne sente aucun changement précis. Les raisons peuvent être variées. Il se peut que la drogue soit de mauvaise qualité ou encore que cela prenne plusieurs séances à son corps avant d'accueillir les effets du cannabis. La cocotte peut avoir été brulée, séchée par une source de chaleur ou trempée dans un liquide. Dans le cas d'une cocotte affectée par la chaleur, le pire qu'il puisse arriver est la frustration d'avoir fumé une matière déjà partiellement consumée. Si le liquide est de l'eau, simplement faire sécher la cocotte. Le goût et l'impression de la texture pourraient être différents. Si le liquide s'apparente à de l'eau, mais a tout de même une saveur, comme du vinaigre, du jus, alors il est possible de faire sécher, mais il ne faut pas s'attendre à une expérience magnifique et le goût sera probablement trop horrible.

Enfin, si jamais la cocotte de marijuana tombe dans la moutarde ou

toute autre substance trop compliquée, dites-vous bien que ça ne vaut

probablement pas la peine de tenter une opération sauvetage, vu le

coût du produit ce n'est tout de même pas comme du diamant. Il faut

aussi penser à sa santé respiratoire et faire attention de ne pas fumer

n'importe quoi non plus. Une chose est sure, aucune de ces

dégradations n'améliorera les effets de la marijuana. Dans le cas précis

où la marijuana tomberait dans une matière comme le beurre liquide

ou de l'huile, il peut-être envisageable de faire une activité culinaire

comme des brownies ou du beurre au cannabis dépendamment du

temps et de la quantité que Jean aura sous la main.

Quand Jean sera un consommateur moyen, il pourrait avoir

tendance à adhérer au principe du joint-récompense. C'est-à-dire que

pour chaque activité complétée il y aura un système de récompense et

parce que la marijuana peut être consommée rapidement, parce qu'elle

a des effets presque immédiats sur le corps, parce qu'elle est accessible,

enfin parce qu'elle est la meilleure récompense disponible elle donnera lieu au principe du joint-récompense. Je pense qu'il est mal avisé de s'opposer à ce principe sans le décortiquer. Le joint-récompense est néfaste seulement s'il nous fait fumer plus que normalement nous ne le ferions. Si au contraire, il permet de retarder la consommation, c'est excellent. Moi, j'aime fumer après avoir fait quelque chose et non avant.

Un bel exemple d'un joint récompense est celui que je fume après avoir joggé comme il faut. C'est satisfaisant à souhait de fumer après s'être essoufflé. Ça frappe comme si je n'avais pas fumé depuis deux jours. Si je courais une heure avant de fumer chaque joint je serais certainement l'homme le plus fort et le plus intelligent du monde (à cause de tout cet oxygène qui circulerait hypothétiquement dans mon sang). Juste d'y penser, ça me donne le goût d'aller courir.

Je déconseille à Jean de fumer avant de manger. S'il est vrai que pour beaucoup de consommateurs la marijuana ouvre l'appétit, en revanche c'est la meilleure façon de brûler la chandelle par les deux bouts. Il faut se poser la question a-t-on vraiment besoin de se creuser l'appétit? Revenant au principe selon lequel nous ne fumons pas pour faire autre chose, Jean risque de se créer plus d'une forme de dépendance en agissant de la sorte. Cette façon de vivre ne laisse aucune place à une bonne diète santé. C'est au contraire plonger dans l'excès, car une habitude renforcera l'autre et c'est une mauvaise idée de faire d'une dépendance le mécanisme d'activation d'un besoin vital. Laissez venir la faim. Si vraiment il faut associer la marijuana avec les repas, je conseille à Jean de manger en premier puis de fumer ensuite. D'ailleurs, s'il faut considérer les choses en ordre, la marijuana devrait toujours être la dernière action sur la liste. L'ordre serait de boire (de l'eau), puis manger, enfin l'alcool s'il y en a, puis la marijuana. Je vous garantis que si Jean fume la marijuana en premier cela ne changera pas grand-chose à la fin. On peut presque parler de gaspillage. La marijuana c'est à la toute fin quand l'orage de chose à faire est passé.

Cela étant, il est important de fumer seulement lorsqu'on en a le goût. L'idéal c'est de toujours avoir un plan derrière la tête et lorsque vient le temps de passer à l'action, si Jean ne sent pas qu'il a le goût, l'envie, l'ouverture ou la capacité physique de fumer, il devrait s'abstenir. S'il fait trop froid pour fumer Jean ne devrait pas fumer, il devrait s'habiller chaudement. Si la tension dans le foyer est trop intense, s'il y a péril en la demeure, il devrait également s'abstenir. Les gens peuvent à tout moment se servir de sa dépendance pour avoir le dessus sur lui. Quelqu'un de déloyal par exemple peut s'en servir pour faire du chantage auprès d'un patron, ou d'une autorité quelconque. Un proche peut aussi utiliser la consommation de Jean pour avoir gain de cause lors d'une discussion importante. Une personne qui a la marijuana dans le nez n'hésitera pas longtemps à biaiser son raisonnement pour son propre compte. Elle s'appuiera sur une longue tradition sociale d'opposition à la drogue. Au contact de la marijuana, certains opposants peuvent même devenir hystériques voir à enfermer à l'asile. Ce qu'il y a de paradoxal c'est que des gens qui ne fument pas peuvent être bien plus étourdissants qu'un joint.

CHAPITRE 4: OÙ

Une des rumeurs les plus fascinantes au sujet des Beatles est qu'ils auraient fumé dans les toilettes de la reine d'Angleterre. John dit que oui, Paul et George disent non et Ringo ne s'en souvient pas. Je me suis longtemps interrogé à savoir si cela se pouvait. C'est la réponse de Ringo qui est la plus pertinente : fumer un joint est à ce point ordinaire que c'est comme de vouloir se rappeler tous les endroits où nous avons respiré. Un moment donné il faut réaliser que non seulement cela se peut, mais que cela se doit. Parce qu'ils sont les Beatles, ils se devaient de fumer dans le palais de Buckingham.

Il n'y a pas d'endroit précis pour fumer, mais il y a un certain respect à avoir sauf si, comme les Beatles, vous avez une raison inhérente ou encore un message politique à faire passer. En d'autres mots, il n'est pas impossible de fumer dans un hôpital, une école, un centre commercial, une église ou un palais de justice. Lorsqu'on est jeune fumer dans ces endroits nous donne le sentiment de relever le défi, de franchir les barrières, de briser les tabous. Quand on est plus vieux par contre fumer dans ces mêmes lieux nous donnera l'impression d'une stupidité honteuse. Je crois que Jean, particulièrement pour le cas des écoles, est déjà assez mature pour comprendre qu'il devrait s'en abstenir. J'ai fumé partout et je peux lui dire qu'il n'y a vraiment rien de magique à fumer dans un lieu inconvénient. Les circonstances doivent vraiment être favorables pour s'en donner la peine, autrement à peu près tout de mauvais peut arriver. Un sage consommateur n'ira pas courir après le trouble quand il peut s'étendre sur le bonheur qui est juste un peu plus loin. Cependant, il y aura toujours des gens qui tenteront de l'influencer. Ce pourrait être le concierge de l'école, la sécurité du centre commercial, son collègue, ses amis. Ce sera à Jean de voir ce qu'il en est et ce qu'il en coute de participer ou non à ce qu'on lui propose, mais en règle générale, la marijuana ne vaut jamais la peine de prendre un risque inutile. Si toutefois le risque est acceptable, habituellement le meilleur endroit pour fumer un joint dans un endroit inconvénient est sur le toit de l'immeuble. Ensuite, dans les pièces rarement visitées. À noter que les toilettes sont habituellement très visitées et peu hygiéniques. Il faut vraiment être mal pris pour fumer dans les toilettes, excepté quand on fait partie des Beatles. Si aucun endroit ne convient, Jean peut encore fumer par les fenêtres dans le coin des pièces, quitte à sortir sa tête et garder la marijuana dehors dépendamment du risque de se faire remarquer. Enfin, certains parlent de système d'évacuation de la fumée. À mes yeux c'est pas mal broche à foin, mais quand on n'a pas le choix ça reste un dernier recours. Le plus simple exemple c'est d'aller dans la pièce avec la meilleure aération, généralement les cuisines et salles à manger. Il faut fumer proche des trappes d'air au plafond ou sous la hotte activée de la cuisinière. J'ai eu un colocataire qui travaillait sur les bateaux de croisières. Il avait fabriqué un tuyau avec une série de rouleaux de papier essuie-tout qui se rendait directement dans l'aération afin de fumer dans sa cabine sans être inquiété. Un peu dans le même principe, il est aussi possible de couvrir l'odeur en crachant la fumée à travers un rouleau dans lequel il faut insérer deux feuilles d'assouplisseurs aromatisés. Pour couvrir l'odeur restante non négligeable, il est toujours pratique d'utiliser un sent-bon, de l'encens ou encore un produit nettoyant en spray. Un jour quelqu'un fera remarquer à Jean que ça sent drôle dans son local ou encore il lui demandera directement si c'est lui qui sent bizarre. Ce sera le signal d'alarme. À partir de ce moment-là et dépendamment de la réponse, il faudra soit qu'il change complètement ses habitudes ou qu'il assume les conséquences. Ne pas oublier de se laver les mains et si possible l'haleine, car les gens sentiront l'odeur à coup sûr. Le plus souvent personne ne se plaint, parfois ils toussent. Les gens du public ne feront pas trop de misère à Jean ou s'ils en font ce n'est pas très grave, mais il vaut toujours mieux de fumer dans un lieu convenable. Ceux qui ne lui feront pas de troubles ce sont les caissières et les vendeurs, surtout s'il achète quelque chose. Si le patron ou la réceptionniste avec laquelle il n'a pas d'affinités remarque l'odeur, dépendamment de la situation tout n'est pas perdu, car Jean a une bonne feuille de route. Si Jean sait se rendre essentiel et prouver sa valeur, consommer n'est pas vraiment un problème. S'il se fait prendre, se sera comme un sévère avertissement de ne fumer qu'en lieu convenable et aussi un signe qu'il commence à être au service de la drogue. D'ailleurs, je déconseille de fumer au travail. Si parfois l'envie est grande de faire que le temps se passe plus vite, somme toute c'est beaucoup de risques et de précautions à prendre pour quelque chose qui démontrera un manque d'éthique, de sériosité, ainsi qu'une faiblesse apparente. C'est également une bombe à retardement qui est sûre de sauter un jour ou l'autre. Si Jean se fait prendre, dépendamment de ses options il peut toujours nier. Par exemple, il y avait des gens qui fumaient à la sortie du métro et l'odeur s'est répandue. Cependant, c'est une solution à court terme. Au final il n'y a pas de raison de fumer au travail. Si le besoin de fumer est trop grand, Jean devrait changer d'emploi vers un secteur qui le motive davantage.

Ensuite, il y a les endroits neutres. Je conseille à Jean de toujours fumer en cherchant à attirer l'attention le moins possible. Il ne m'est jamais arrivé de devoir agiter mon joint pour rencontrer des Jean intéressants. Quand je fume sur Sainte-Catherine, je garde le joint pointé vers l'intérieur de ma main plutôt que de le laisser visible. J'ai l'air de fumer mes doigts. J'évite aussi d'envoyer la fumée sur les passants. Les passants c'est des familles, des enfants, des touristes et des Québécois aussi. Ça ne donne pas une bonne image, je ne pense pas juste à moi. J'ai un ami qui s'appelle Jean, lui il fait la cour aux filles entre deux touches. Il m'a dit plusieurs fois qu'il s'en fout. À quelque part ça doit marcher pour lui mais qu'il s'arrange avec ses troubles. N'empêche il n'y a pas de raison non plus de se gêner ni de s'énerver, si jamais il faut absolument fumer en plein public pour détendre l'atmosphère ou pour garder la paix. Jean peut se permettre l'espace d'un après-midi de penser Ringo. C'est quand l'exception devient la règle que c'est embarrassant. Autrement dit, les Canadiens ont voté pour un gouvernement qui légalisera la marijuana, donc il faut s'assumer et accepter ce droit que nous nous sommes donné tout en agissant de manière responsable.

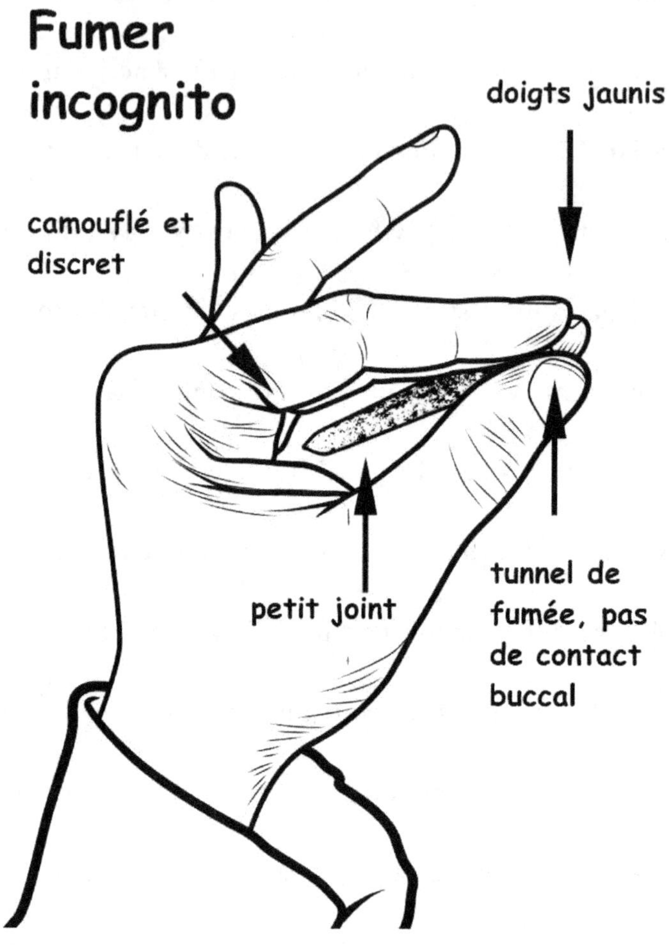

Dans les concerts, c'est la même chose, il y a toutes sortes de gens, dont des familles et des enfants, je suggère à Jean de se retirer de la foule pour fumer si c'est possible. Évidement si la foule est trop compacte, si Jean ne veut rien manquer de ce prestigieux concert ou si la possibilité de revenir dans le mosh pit est compromise, il faudra qu'il s'arrange autrement. En pleine foule, j'ai tendance à attendre la fin d'une chanson, pendant qu'il y a de la jasette. Les gens sont plus calmes. J'attends souvent qu'un Jean quelque part s'allume un joint pour allumer le mien. Comme cela au lieu de faire un train continu de fumée ça fait un ilot spontané. Ce Jean-là et moi sans nous connaître et sans y penser nous nous soutenons mutuellement et nous partageons une expérience similaire de consommation. Notez que dans une foule, la norme est de cracher sa fumée vers le haut pour que l'air circule rapidement.

Ce n'est pas parce qu'un endroit est neutre qu'il se prête bien à la consommation de marijuana. Par exemple, consommer lors d'un événement sportif pourrait avoir des effets indésirables. Il est facile de se distraire de la partie et ainsi manquer les moments clés. De plus, ces événements sont habituellement extrêmement partisans et jouent sur la fibre identitaire. Fumer pendant que tout le monde s'énerve pour être les gagnants pourrait isoler Jean des autres et le décaler de l'ambiance de compétition. La partie deviendra plus un spectacle auquel il assistera passivement. Encore là, il y a des Jean qui sont totalement à l'aise avec cela et ils font bien de l'être. Il faut que chacun choisisse son rapport avec la marijuana selon son jugement, ses goûts et ses objectifs. Notez bien que si les événements sportifs, parce qu'ils créent une émotion d'appartenance au groupe, semblent peu se prêter à la consommation de marijuana, il en est autrement lors des sorties de spectacles passifs comme le cinéma alors que l'ambiance est beaucoup plus individuelle et où le spectateur aura tout le loisir de s'isoler dans ses pensées.

Dans les endroits familiers ou convenables, il appartient au consommateur de fumer comme bon lui semble en autant que ce soit sécuritaire pour lui et les occupants de l'immeuble. Si Jean prend l'habitude de fumer dans son lit ou sur un sofa, un jour il laissera tomber le joint et celui-ci brûlera un rond dans le revêtement, c'est inévitable. Les solutions sont soit de consentir à la dégradation des meubles, à fumer la marijuana autrement, ou ne pas fumer sur les meubles qui nous sont chers. Pour les curieux, il y a effectivement quelque chose de décadent à fumer étendu quelque part, allongé sur une chaise longue. Lorsque je fume debout, si je ne suis pas pris dans mes travaux, j'ai tendance à réfléchir à ma place, ma situation dans l'environnement. De mon balcon, je regarde l'écureuil et je me demande s'il me reconnait, s'il m'aime même si je ne lui ai jamais donné de nourriture. Je sors en short jusqu'en décembre. Je ne reste pas dehors assez longtemps pour avoir froid. Le changement de température me donne une idée d'où je suis rendu. J'ai remarqué que la plupart du temps, il suffit de lever la tête pour voir la lune. Elle passe de justesse entre les deux maisons. Selon les règlements, on n'a pas le droit de fumer la cigarette dans le bloc alors avant de louer je leur ai dit que je ne fumais pas la cigarette. Quand je vais dehors, je fume du côté que personne ne peut me voir. Après ça s'ils ont un problème avec moi y vont devoir décrotter la place, pelleter l'escalier, mettre du sel comme des vrais propriétaires responsables, mais de toute façon ils m'aiment bien car ils ont à peine augmenté le loyer cette année. Un moment donné le concierge d'en bas est venu me voir pour me dire qu'il savait que je fumais et me demander si c'était moi qui lançais des mégots de cigarettes en avant de chez lui. C'est là que je me suis rendu compte qu'il n'était pas mon *buddy*. J'ai pris l'appartement d'en arrière, le plus au fond possible. C'est un bon truc d'un Jean que j'ai connu. S'il arrive quelque chose, c'est facile de sortir au lieu d'être pris comme un rat. Il n'y a jamais personne qui s'occupe d'en arrière, c'est tranquille. Je conseille à Jean de chercher à prendre l'appartement le plus isolé s'il ne veut pas se faire achaler avec sa consommation.

Est-ce normal de vouloir fumer dans la toilette? Oui parfois j'ai eu l'envie de fumer sur le trône. Ça dépend de l'hygiène de chacun. Un peu comme certains craquent une allumette pour couvrir l'odeur. Idéalement, il faudrait tout de même éviter de fumer dans la toilette ne serait-ce que pour prolonger l'attente de la consommation alors qu'il n'est pas essentiel de le faire en même temps que de chier. Ce n'est pas si grave parfois de faire entorse au règlement, cependant ce n'est pas pratique non plus et peut s'avérer catastrophique. À moins d'être sûr d'en avoir pour plusieurs minutes, le mieux est de s'abstenir. Si Jean veut en faire l'expérience, alors je lui conseille de n'allumer le joint qu'après s'être confortablement installé et de le finir avant de tenter quoi que ce soit.

Il arrive aux jeunes de faire des *hot-box* dans la salle de bains. Faire un *hot-box*, c'est faire exprès de concentrer beaucoup de fumée secondaire en un seul endroit. La salle de bains est l'endroit mythique des *hot-box* parce qu'il est alors possible d'ajouter de la vapeur au mélange en activant le robinet d'eau chaude. Cependant, il ne sert à rien de laisser couler indéfiniment comme nous le faisions dans le temps, il suffit de boucher les robinets une fois que l'eau est chaude. Les hot-box ne servent pas à grand-chose, mais ce sont tout de même de bons prétextes pour se retrouver collé à des filles dans la salle de bain. Dépendamment de comment il est fait, cela peut-être une expérience agréable. Il y a une façon de fumer sous la douche pour les Jean qui la prennent très chaude. C'est probablement la manière la plus efficace de se faire un vrai *hot-box*. Cela demande l'agilité de ne pas éteindre le joint sous l'eau. Pour se faire, il faut se préparer d'avance en disposant le joint et le briquet dans un endroit accessible de la douche, mais qui ne sera pas mouillé. Le temps idéal pour fumer est lorsque le savon est bien frotté et qu'il ne reste plus qu'à rincer. L'eau chaude aura eu le temps de faire un maximum de vapeur. Ensuite, il faut choisir une main que l'on séchera un peu avant de prendre le joint. Attention de ne pas mouiller le briquet. Une fois que le joint est allumé il ne nous restera plus qu'à nous rincer en fumant. Il est inévitable que le joint s'humidifie naturellement et cela changera la manière dont il se consume. Le goût aussi sera plus prononcé et les effets auront du mordant. En sortant de la douche Jean se sentira propre, aéré, naturel et en ouvrant la porte il prendra le temps d'admirer la fumée magique qui s'échappe de la pièce comme une rivière aérienne.

Durant ma jeunesse, il m'est arrivé de fumer à l'intérieur d'une automobile, surtout pendant l'hiver. Je n'aurais pas pris ce risque si ça avait été mon véhicule. Il n'y a vraiment aucun avantage à fumer dans un véhicule si ce n'est que pour se protéger du froid, ou stupidement braver les règles comme pour l'alcool, mais cela est et restera illégal même après juin. Je sourcille lorsqu'un Jean me dit que ça l'aide à mieux conduire. C'est vrai que le besoin de fumer un joint peut provoquer une certaine fatigue dangereuse sur la route, mais je ne saurais comprendre scientifiquement en quoi la marijuana aiderait à la conduite. C'est-à-dire que si c'est rendu à ce niveau-là, il faut que

Jean révise ses priorités. Bref, je crois utile d'en parler simplement pour décourager les Jean de conduire avec les facultés affaiblies. Je suis un piéton et je trouve qu'il y a assez de jambon sur les routes.

Il y a des sports qui s'agencent plus que d'autres à l'usage de la marijuana. Par exemple les sports d'hiver se prêtent beaucoup plus à la consommation de drogue douce que les sports d'été. Tomber dans la neige est moins lourd de conséquences que de tomber sur l'asphalte ou la rocaille. Évidemment, dans les sports d'hiver, ceux qui se pratiquent sur la glace sont moins recommandables, mais il faut voir ces activités en termes de possibilités et de choix : sur la glace le pire qu'il pourrait arriver serait de tomber du haut de ses fesses et que tout le monde rit tandis que dans l'eau Jean pourrait se noyer. Et qu'en est-il du risque que la surface cède sous le poids d'un Jean qui à cause de sa consommation aurait complètement mal évalué l'épaisseur de la couche glacée? La consommation de cannabis ne produit pas ce genre de malheur, contrairement à l'alcool. D'ailleurs, selon moi, les effets de la marijuana sont inversement proportionnels au froid. En hiver, le risque d'être physiquement blessé est réduit. Jean pourrait bien sûr avoir un problème d'hypothermie à fumer dehors, mais la marijuana ne serait pas responsable d'un tel dénouement. Je peux cependant imaginer que sous l'alcool ou plusieurs autres substances il y a vraiment un risque, car leurs effets, selon mon expérience, sont assez puissants pour faire perdre aux gens la notion de confort physique. En somme, presque toutes les activités de plein air comportent des risques et ceux-ci sont constants que ce soit avec ou sans la consommation de marijuana. Le cannabis pourrait cependant affecter bien plus les performances sportives. Pour tous les sports d'endurances, l'inhalation sera un handicap. Quand nous choisissons de fumer, nous sacrifions toujours nos performances dans les activités qui requièrent un grand débit de circulation du sang. Fumer ne rend pas meilleur, au contraire il faut être meilleur pour se permettre de fumer et garder nos résultats constants. C'est pourquoi ça a surpris le monde entier de voir la photo de Michael Phelps, le multiple médaillé d'or olympique en natation, qui s'envoyait une douille dans un bong. Beaucoup de skieurs et de planchistes amateurs se font une joie de consommer sur la montagne. C'est vrai qu'avec la vue d'en haut sur le paysage, la neige sur les toits des chalets en V inversés, les milliers d'arbres dénudés qui se partagent l'espace avec les conifères et le ciel bleu sans nuages, la morsure du froid se fait comme un baisé qu'on prend le temps d'immortaliser en fumant un bon joint.

On n'a pas vraiment besoin de consommer de la marijuana pour qu'un moment soit marquant. Ce n'est pas le même phénomène que lorsque certaines personnes surdouées associent une couleur à un chiffre pour se souvenir d'une liste impressionnante de numéros. Je peux dire que, selon mon expérience, il n'est pas nécessaire de fumer pour mieux se rappeler un événement, mais qu'il peut être agréable de le faire. Les personnes pour qui les journées sur la montagne sont leur pain quotidien, qui font une descente quand ils veulent et pour qui finalement ces moments n'ont plus rien d'unique peuvent bien se priver de fumer. Pour Jean et pour moi, c'est toujours une joie d'associer une activité qu'on ne fait pas souvent avec un plaisir quotidien.

Pour être honnêtes, nous nous rappelons de bien peu de chose et fumons également dans les moments moins significatifs. Oui, c'est parfaitement hypocrite, mais cette hypocrisie se retrouve aussi à servir la deuxième fonction du joint qui est celle d'être également un rituel, un luxe qui ne se révèle pas essentiel à notre survie. Il participe plus de la spiritualité, du souvenir et de la mémoire. Rappelons que nous avons jugé préférable de consommer la marijuana après l'orage. Soit parce que dans l'ordre des priorités ses effets peuvent avoir une influence négative sur les tâches importantes, soit parce que la légère euphorie sera dissipée avant d'avoir pu en profiter. Or, sur la montagne, c'est le temps d'en profiter pour un skieur amateur.

Les remonte-pentes sont un exemple de véhicule dans lequel il peut être possible de consommer de la marijuana. Il faut vérifier que personne n'ait de problème avec cela et qu'il n'y ait pas d'enfant derrière. Ce sont des grosses machines qui peuvent nous arracher un bras comme si c'était le pétale d'une fleur, du haut desquels une mauvaise chute peut facilement entraîner la mort et qui sont attachées à un fil de fer dont la puissance cinétique, s'il cédait, nous trancherait en deux comme du beurre. La sensation inévitable de vertige face à la puissance de la nature provoque une situation d'inconfort pour ceux qui ne sont pas habitués. Ce ne sont pas les sensations fortes qu'il faut rechercher en consommant dans les remonte-pentes mais le second degré. Si Jean prend le temps d'observer le paysage chaque fois qu'il fait l'ascension, il s'apercevra que les couleurs tournent à l'orange de fin de journée. À la fin ce n'est plus l'horizon qui captera son regard, mais le soleil qui se couche. Alors Jean dévalera les cinq prochaines descentes en se demandant tout le temps si c'est la bonne, s'il verra le soleil disparaître au sommet de la montagne. Il sera excité par le projet, envoûté, il aura quelque chose d'important à faire. Dans le remonte-pente entre ciel et terre, ce n'est que lorsque Jean aura vu les derniers rayons disparaître qu'il allumera son joint. Comme s'il pouvait participer au soleil, prolonger le jour dans l'espace d'un joint. L'aurore et le crépuscule sont les deux seuls moments distincts dans une journée. La marijuana c'est à la toute fin et Jean pourra dire que ceci était son premier rituel.

Les lacs et les cours d'eau sont des lieux qui provoquent de bonnes réactions. Tout en ayant sa veste de sauvetage, il est parfaitement convenable de se fumer un joint sur une petite embarcation d'une à quatre personnes. Il ne peut rien arriver de bien catastrophique. Pour que Jean tombe à l'eau, il faut le vouloir rendu-là. Cet équilibre presque trop facile à maintenir dans son embarcation, comme si pour que la vie soit belle il fallait seulement garder la tête hors de l'eau, nous le confirmons solennellement par un bon joint salvateur comme dirait Jean. C'est cette simplicité envoutante selon laquelle il suffit d'y croire pour y arriver qui nous fascine tant dans la marijuana et tous les petits plaisirs de la vie. De plus, flotter sur l'eau a un effet ralentisseur sur le corps dans le sens qu'on bouge plus lentement pour garder l'équilibre dans le bateau sans faire tomber le matos. Cette précaution que l'eau nous oblige à prendre de ralentir nos mouvements et qui est comme un respect qu'on lui doit, se prête bien au rituel de la marijuana soit de prendre le temps de faire tout ce qu'il y a à faire avant de consommer son joint.

J'ai connu un certain Jean qui fumait aux enterrements. Quand c'est fait avec respect et discrétion, il n'y a vraiment que lui que cela concerne. Qui sait quelles aventures, quels souvenirs, quels liens sont partagés entre Jean et le défunt. Personne ne peut imposer sa vision sur la manière dont chacun vit et tout autant sur la façon dont un Jean célèbre ses morts. Si cela peut sembler curieux, voir déplacé pour certains de consommer la marijuana à un enterrement il faut se rappeler dans quelle époque nous vivons. Depuis que l'homme a découvert le feu, il inhale de la fumée. Parfois par curiosité, parfois par rituel. Ce n'est pas bête de penser qu'en consommant une matière, nous partagerons aussi une partie de sa nature et donc qu'il y a un esprit dans chaque chose. Dans un sens, c'est vrai pour tous les aliments et les drogues. Ce lien naturel que nous avons compris pourrait avoir aidé à provoquer l'émancipation de notre spiritualité. Beaucoup pensent que la drogue en général, parce qu'elle altère les perceptions et agit comme la nature sur le corps, a joué un rôle signifiant dans nos croyances aux esprits. C'est bien ça qu'il y a de chouette avec la marijuana, nous ne savons jamais si c'est à cause d'elle que nous avons toutes ces idées profondes. Elle permet de se raconter une autre histoire. De nos jours, nous avons beaucoup perdu de cette spiritualité. Pour une société qui commence tout juste à sortir de dizaines de milliers d'années d'anciennes coutumes et de croyances, il est normal de se perdre entre nos vieilles racines et les nouveaux repères. Évidemment, consommer de la marijuana ne permettra pas à Jean de contacter les morts, mais je trouve qu'elle se prête bien au jeu spirituel. D'abord, puisqu'elle joue elle-même sur l'illusion, le mystère et le doute, mais aussi dans un sens plus subtil parce qu'elle partage avec les rituels religieux ce caractère à la fois passionnel et accessoire.

Enfin, le dernier endroit dont je parlerai est celui que nous connaissons tous, celui que chacun découvre par lui-même, j'ai nommé le spot. En termes de rituel, il n'y a pas plus évocateur que le spot. Personne ne sait vraiment lequel est le vôtre et s'il n'a pas changé. Même Jean n'est pas sûr. Ça vient avec le temps. Parfois, c'est parce qu'il n'a pas encore été trouvé, parfois, c'est parce qu'on n'a pas encore réalisé que c'est le nôtre. Un bon spot est le meilleur endroit pour fumer. Quand il est établi, il peut devenir même plus attrayant que de fumer chez soi. Au début, il ne représente rien, mais plus on y fume plus on s'y attache jusqu'à s'y sentir tout à fait à l'aise. On l'apprivoise comme le renard.

CHAPITRE 5: COMMENT

Il n'y a vraiment rien qui presse avec la marijuana. Plus Jean attend avant d'en consommer mieux ce sera. Moi, je suis un crotté prêt à prendre plus de crotte que d'autres. Il y a des conséquences dont je ne me soucie pas vraiment, mais qui sont très repoussantes pour les gens. Par exemple, la fumée de marijuana jaunit tout ce qu'elle touche. Pour contrer ce phénomène, certains fument avec des gants. D'autres alternent de doigts, de mains et de moyens de fumer. Moi, j'ai choisi de sacrifier ma main gauche. Mon pouce, mon index et mon majeur gauches sont complètement jaunis, voire brunis par ma consommation. Ça fait peur, ça peut partir si je lave, si je gratte fort et si j'arrête, mais je n'arrête pas, donc je sacrifie. Ça sent fort aussi. Ça intéresse les chiens quand je passe dans la rue. Au lieu de vouloir me mordre, ils sont distraits par l'odeur au bout de mes doigts. C'est peut-être le bon moment pour parler des effets de la marijuana sur les animaux. Ce sont surtout les chiens qui sont à surveiller, mais je peux imaginer que même un varan serait attiré par l'odeur. Il ne faut absolument pas faire confiance aux animaux. Ils vont renifler et manger tout ce à quoi nous touchons, mais les effets de la marijuana sur eux sont décuplés. Il m'est arrivé d'être témoin d'accidents de ce genre et la situation peut sembler légère, sauf qu'il faut se rappeler qu'on aime nos animaux et qu'on ne veut pas ce genre de chose. Il y a toutes sortes de vidéos sur YouTube pour les curieux mais les regarder me rendrait mal à l'aise. On aime nos animaux comme ils sont, on ne veut pas qu'ils deviennent une sorte de cirque que l'on apprécie seulement lorsqu'ils font leurs mauvais numéros. La manière dont nous prenons soin de la nature nous définis en tant qu'humain. Pour moi, ce principe est bien plus important que tous les débats sur le cannabis. Par contre, le fait qu'elle soit aussi proche de cette nature que nous chérissons a toujours été un bon point pour la marijuana.

L'égrainage adéquat de la marijuana est un incontournable. Il faut vraiment prendre le temps de faire tout le nécessaire sans jamais bruler les étapes autrement le joint se consumera de façon erratique et entraînera des difficultés. Bon nombre de Jean sont en fait bien assez agile pour rouler des joints qui se tiennent debout, mais la paresse de bien égrainer les empêche de progresser. Beaucoup se tournent vers l'égreneuse et ce n'est pas un crime mais mon rituel se fait avec deux paires de ciseaux. Des petits ciseaux à bout rond me permettent d'égrainer rapidement une cocotte que je fais rouler entre mon pouce et mon index et je tranche tout ce qui fait plus de 0,3 millimètre. Cela me permet de contrôler manuellement le produit fini. Ensuite, avec des ciseaux longs je coupe une partie de la bande de colle que je trouve toujours trop épaisse sur les papiers à rouler. Je retranche aussi le papier sur le long parce que je ne fume pas de très gros joint. Un surplus de papier et de colle change le goût d'un joint. Bref, cela fait partie de mon rituel et l'usage de deux paires de ciseaux me permet de couper sans difficulté avec l'un, la marijuana qui est gommante, difficile à sectionner et avec l'autre le papier qui est délicat. Ceux qui n'aiment pas ce processus, soit parce qu'ils sont malhabiles ou paresseux verront l'étape d'égrainage et de roulage comme une corvée parfois pénible. C'est une vision parfaite qu'il faut maintenir le plus longtemps possible. Plus il sera dur de parvenir à consommer de la marijuana, mieux ce sera à tous points de vue. D'abord, cela retardera l'heure de la consommation, mais cela limitera également les moyens et peut-être l'envie de fumer. Enfin, ceux qui n'arriveront jamais à rouler et trouvent cela déplaisant auront une corde supplémentaire à leurs arcs si jamais ils décident de mettre un terme à leur consommation. Les gens qui sont capables d'avoir une vie saine et heureuse sans excès sont de grands modèles. Ne voulant être celui qui les corrompt, je les supporte en évitant de les exposer à mes faiblesses. C'est ma façon de vivre sainement. Il ne faut pas chercher à vouloir briser la bonne conduite de quelqu'un. Justifier des faiblesses en impliquant le plus de monde dans nos vices est odieux. Un geste de désespoir, une fuite qui ne correspond pas aux valeurs de Jean qui est d'abord et avant tout d'être honnête avec soi-même. Avoir une bonne dose d'humilité est peut-être le meilleur moyen de ne pas se fourvoyer.

Pour cela, s'interdire d'apprendre à rouler peut être une règle que l'on s'impose à soi-même. Une partie des consommateurs de marijuana ne fument que lorsqu'ils sont en compagnie. Toujours avoir besoin de quelqu'un pour fumer, ça peut être une sortie de secours pour ne pas devenir dépendant de la marijuana, mais il ne faut pas trop si fier. Il faut plus s'en servir comme d'un outil pour espacer ses consommations. Pour certains fumer du cannabis est un truc exclusivement social. Il y a comme une limite qui fait que lorsqu'on la franchit nous passons de fumeur occasionnel à drogué dépendant et ce mur est celui de fumer en solitaire. Pour freiner leurs envies les fumeurs ont tous des trucs à leurs niveaux. Le plus courant c'est de toujours acheter de très petites quantités. Le fait de savoir qu'il n'y en aura pas plus pour ce soir est une barrière psychologique. Il n'y a pas de doute que cette technique marche bien, mais elle tape également dans le portefeuille, les petites quantités étant toujours plus dispendieuses que les lots.

De grâce! Il ne sert à rien de tremper le joint dans sa bouche avant de l'allumer. Le joint en séchant à la base risque même de brûler plus rapidement et la salive transformera le goût de la marijuana. L'action de mouiller le joint avec un peu de salive au bout de son doigt peut parfois être nécessaire, mais seulement en cas de tentative de correction de la brûlure, ce que nous appelons parfois *side-burn*. Attention de ne pas corriger inutilement le joint. Dans la plupart des cas, la correction n'apporte que très peu de résultats et plusieurs risques. Mentionnons aussi que si c'est un joint partagé, la ou les personnes qui se trouvent avec Jean peuvent être dégoutées de voir la salive être mise dans leur consommation ce qui est parfaitement légitime. Si Jean ne peut résister à mouiller le joint, il faut qu'il s'assure d'être assez intime avec les autres. Contrairement à d'autres substances, la marijuana n'est pas assez dispendieuse pour se mettre à vouloir l'économiser d'une manière ou d'une autre en dessous de 0,5 gramme. Si vraiment Jean veut s'aventurer dans le mouillage de joint, mon dernier conseil est qu'il s'entraîne à laisser sur son doigt la bonne quantité de salive voulue autant que la bonne qualité : on veut ici une salive qui ressemble le plus possible à de l'eau et avec le moins de slime.

Toujours utiliser son doigt pour mouiller le joint, il faut être conscient de la connotation sexuelle d'utiliser sa bouche. D'ailleurs, pour éviter de mettre ma bouche directement sur le joint en fumant, je crée toujours un tunnel entre mon index, mon pouce et mon majeur, c'est pour cela qu'ils jaunissent autant.

La fin d'un joint goûte toujours un peu moins bon parce qu'à force d'emboucaner le joint de l'intérieur la fumée altère le goût. La dernière touche s'appelle généralement la *puff* du guerrier. Si je n'estime pas qu'il vaille la peine de fumer le joint jusqu'à la fin, je suis quand même de ceux qui croient qu'il y a de meilleures manières que d'autres de fumer la marijuana. Au début, je gardais mes touches très longtemps pour toujours espérer un meilleur effet. C'était un peu dans l'optique d'en avoir plus pour mon argent. Je me suis dit que si j'étais pour fumer, alors je ne ferais pas semblant et que je fumerais. Un peu comme je ne laisse presque jamais même une frite ou un grain de riz dans mon assiette. Consommer la marijuana par inhalation en gardant mes touches le plus longtemps possible est la meilleure façon de s'user les poumons prématurément. Plus nous commençons jeunes, plus nous avons le sentiment d'être forts et durables alors nous nous imaginons aveuglément que c'est avisé de le faire afin de profiter du cannabis de la meilleure façon. Or, en expérimentant un peu, Jean découvrira que la durée et la quantité de marijuana qui reste dans nos poumons ne changent pas grand-chose à la qualité de l'expérience. Il est donc complètement inutile de garder la fumée dans ses poumons. Une brève inhalation, puis on crache le tout. Jean ne le regrettera ni pour sa satisfaction, ni pour sa santé. Ça l'air idiot vite de même, mais ce petit conseil est probablement le plus important de ce guide pour un fumeur. En faisant cela, Jean préservera un peu ses poumons qui sont aussi précieux que ses outils de travail. De la même manière, il est inutile de tousser pour avoir un effet maximal. Ça n'en vaut pas la peine. La théorie c'est qu'en toussant, nous forçons les poumons à s'ouvrir et prendre plus que la normale, mais ce n'est ni plaisant ni satisfaisant. Mieux vaut fumer des petits joints rapides que de prendre tout d'un coup avec excès de témérité. Enfin, il y a aussi ce que Jean appelle les *shotguns*, soit d'expirer le joint dans la bouche de quelqu'un avec ou sans l'aide des mains. Tant qu'à moi, ce ne sont que des excuses pour se rapprocher des filles un peu comme le *hotbox* parce que l'effet ne change pas trop mis à part le risque de se bruler la langue ou d'avoir de la cendre dans la bouche. Puisque c'est une question d'esthétique, le plus simple *shotgun* est selon moi le meilleur. Ce serait de mettre le joint en position inversée dans sa bouche et de souffler pendant que l'autre aspire un peu comme s'il y avait l'échange d'un baisé. Les joints à trois têtes non plus ne m'intéressent pas trop. Les joints d'une once, les fourches, les tulipes, les verres de lait, et cetera sont tous des caprices esthétiques sur les moyens de fumer. Nous n'avons pas vraiment besoin d'utiliser des manières créatives de fumer. Cela peut être intéressant de le faire lors d'événements spéciaux.

La marijuana ce n'est peut-être pas aussi simple que ça en a l'air. Oui, acheter, préparer, consommer, mais il y a d'autres choses à prendre en compte. Un joint mal allumé laisse la porte ouverte aux problèmes. La combustion se fera inégale et il y aura d'une manière ou d'une autre du gaspillage. Perte dans la quantité de marijuana, mais également dans la qualité. Fumer de la marijuana qui ne brûle qu'à moitié c'est comme manger des nouilles qui n'ont pas assez bouilli. Il faut fournir un effort supplémentaire pour trouver ça bon. Ce n'est pas parce que la marijuana est le plus souvent utilisée comme objet de détente qu'il faut en négliger l'observation scientifique. Par exemple, il est universel que plus un joint est roulé serré, moins il est facile d'en tirer une bouffée et Jean peut jouer avec ce paramètre selon ses préférences. La densité de la fumée inhalée influe quant à elle sur le goût selon moi. J'aspire désormais beaucoup d'air en fumant mes joints. Ça dilue la fumée rendant plus facile l'inhalation. Connaître et maitriser le plus de détails possible aide à apprécier pleinement l'acte de consommation. En bout de ligne, on s'accroche à certains de ces détails et la somme de tous les accrochages forme le rituel. Les petits joints, c'est quand on veut vérifier de quoi, les gros joints, c'est quand on veut être sûr de quelque chose, les joints compacts, c'est quand on a le goût, les joints lousses, c'est quand on veut faire attention.

Chacune de ces informations est sensée pour moi à cause de mes rituels.

Si Jean est plus dégustateur que moi, il pourrait envisager de s'acheter un bong. En gros un bong, sans en changer les effets, permet d'apprécier davantage la marijuana pour ses caractéristiques physiques comme le goût et la texture, l'aisance à l'inhalation si on veut. Une des raisons qui rendent l'usage d'un bong plus porté sur la dégustation est que cet outil est génétiquement fait pour la marijuana. Ça enraye la contamination par le tabac que beaucoup ne peuvent s'empêcher d'ajouter dans un joint sans parler du papier et de la colle.

La raison pour laquelle bien des Jean mettent du tabac dans leurs joints est qu'en plus d'avoir des propriétés addictives plus puissantes que la marijuana, il produit un engourdissement supplémentaire de quinze minutes qui donne une satisfaction de plus au corps lors des consommations. Or, le bong se prête mal à la dégustation de tabac, c'est un outil de précision qui permet de cibler le meilleur de ce que la marijuana peut offrir et il n'est pas fait pour les mélanges. L'autre raison de préférer l'usage d'un bong est que c'est plus économique. Il y a moins de gaspillage, tout est consommé, les doses sont exactement ce que Jean veut qu'elles soient et l'étape du roulage est évitée ce qui sauve également du temps. Tout cela épargne un peu plus notre santé avec l'absence de papier, de colle et de tabac, mais de plus le bong adoucit grandement la fumée. Elle est donc bien plus facile à inhaler. Un bong contient de l'eau qui agit comme un filtre. Le principe est que plus il y a d'eau par lequel il faut que la fumée passe, plus le résultat sera doux. Donc la surface de contact entre les deux est responsable de la filtration. Ce qu'il y a de malheureux avec un bong c'est que comme un prix à payer pour étudier la marijuana dans ses détails les plus délicats, cet instrument demande de l'entretien. La perspective de devoir toujours l'emporter avec moi partout où je vais me fait aussi très rapidement revenir au joint.

La marijuana n'échappe pas à la révolution des vaporisateurs. Il reste beaucoup d'études à faire selon moi avant de crier au miracle de la technologie, mais les perspectives d'avenir des vaporisateurs sont excellentes. Ces études prennent du temps d'échantillonnage et comme le produit est nouveau, il faut simplement attendre un peu avant d'avoir l'heure juste. Toujours en se rappelant de se méfier de nos sources d'informations, il y a parfois des choses qui font consensus. Même si fumer est mauvais pour la santé, il doit bien y avoir une méthode plus saine qu'une autre d'inhaler la marijuana. Il n'est pas exclu que très bientôt un outil ou une matière soit mis au point qui ne représente aucun danger pour la santé. C'est en tous cas l'image que tente d'imposer l'industrie des vaporisateurs. Ils ont donc déjà l'idée en tête car le jour où ils trouveront un moyen de fumer sans endommager le corps, ils s'en mettront plein les poches. Nous aurons véritablement conquis le feu et fumer deviendra un art. Je connais des

Jean qui ne jurent que par le vaporisateur. Il est si pratique qu'il permet à Jean de fumer secrètement sans que jamais personne ne le sache, car il ne dégage pas l'odeur forte de la marijuana. Un des points faibles est que son utilisation est tellement facile qu'il y a un risque de consommer davantage. Un autre point négatif est que le goût est différent puisque la marijuana n'est pas consumée par combustion mais par vaporisation.

Certaines personnes, peut-être parce qu'elles sont moins agiles des mains, qu'elles ont une préférence, une routine personnelle ou autre, vont choisir de fumer leur marijuana à l'aide de couteaux. Les Québécois diront fumer au couteau, pour parler de cette méthode. Je ne recommande de fumer au couteau à personne, car c'est la plus dangereuse des façons de consommer. Cela implique de chauffer un rond au maximum et d'y laisser deux couteaux dans les bras extérieurs de la spirale, mais cela ne marche pas avec les nouveaux fours qui n'ont plus d'élément chauffant extérieur. Il faudra déposer une petite cocotte de marijuana soit 0,1 gramme sur une planche à couper et lorsque les couteaux seront chauffés, tenter de prendre la cocotte entre les deux couteaux et aspirer la fumée qui en sort du mieux qu'on le peut sans se brûler. Une variante est de mettre un objet en forme d'entonnoir dans sa bouche comme la partie supérieure d'une bouteille de boissons gazeuses de deux litres. Cela agrandira votre rayon d'aspiration et abaissera le risque de brulure. Pour des raisons évidentes, cette façon de fumer est la plus dangereusement inutile et il faut l'éviter à tout prix. Sans parler des objets qui seront abimés et des ronds laissés rouges, cette méthode ne peut qu'attirer les accidents et est carrément à proscrire si Jean n'habite pas seul. Fumer sa marijuana au couteau a été popularisé entre les années 60 et 80 quand le haschich était encore très consommé au Québec, à l'époque la plupart des produits étaient importés, mais depuis, des produits locaux plus axés sur la plante que sur la résine ont fait leurs apparitions. Les plantes maintenant sont jugées meilleures ou du moins rivalisent avec les meilleurs haschichs du coin, mais c'est surtout une question de goût.

Le hasch ça prend beaucoup plus à la gorge et ça se fume plus rapidement. Un mélange de hasch et de marijuana dans un joint s'appelle une salade. Pour être plus précis n'importe quel mélange de marijuana s'appelle une salade. Si un jour Jean se fait offrir un juicy, ce serait bien de le refuser et de faire attention à la personne qui l'offre. Un juicy est un joint avec de la cocaïne purifiée (crack) à l'intérieur. Extrêmement addictif, un peu comme si la mort venait faire une fellation. C'est dangereux et la personne qui en offre n'est pas un ami ou alors si elle l'est quelqu'un veut l'utiliser comme une marionnette. Si Jean en fume, c'est garanti qu'il voudra en fumer encore et se rendre esclave de la cocaïne tout en entrant dans un monde beaucoup plus dangereux. Le truc pour bien comprendre la différence entre la marijuana et les autres drogues, c'est de porter attention aux consommateurs dans leur apparence et leurs expressions. Souvent, les consommateurs de drogue dure n'ont pas le temps de prendre soin d'eux. Je ne dis pas que les personnes de mauvaises apparences sont toutes droguées, mais quand on sait que quelqu'un consomme, son apparence en dit long sur son niveau d'intoxication. La marijuana a quelques influences sur la manière dont une personne s'exprime, mais pas du même ordre que les drogues dures. Il est souvent facile de déduire qu'une personne a bu de l'alcool parce qu'elle aura physiquement de la misère à se maintenir en place, tandis qu'une drogue dure provoquera plutôt des tics, des hallucinations sonores et de la paranoïa. Avec le temps, il est possible de savoir quel genre de substance un individu a consommée. Attention de ne pas sombrer dans la paranoïa soi-même en soupçonnant tout le monde que l'on trouve louche. Ces instincts prennent du temps à se développer et lorsque Jean comprendra comment marchent les drogués, il se rendra compte qu'ils ne sont pas une menace, mais seulement des dépendants graves. Observer l'apparence et l'expression des consommateurs de drogues dures est un autre excellent moyen de se mettre une limite en se demandant si on veut vraiment être comme Jean qui renifle tout le temps, Jean le parano, Jean le fauché.

CHAPITRE 6: POURQUOI

Un jour Jean prendra le transport en commun et il remarquera que certaines personnes le fixent du regard. Parfois même elles respireront fort et quelqu'un se permettra de tousser. La nervosité prendra Jean qui aura chaud et sera mal à l'aise. Ainsi, il saura qu'il est gelé, car Jean est pas mal vite sur ces affaires-là. Il aura compris qu'il est en train de paranoïer pour une plante et sera même satisfait.

- C'est du bon, qu'il dira.

D'une manière, c'est exactement pour ça qu'il fume : un effet. Un curieux effet qui existe bel et bien. Jean pourra être content jusqu'au moment où il rencontrera ses petits cousins dans la rue qui reviennent de l'école primaire et veulent faire le trajet avec lui car pour eux il est leur héro. Même avec toute l'ouverture d'esprit du monde, Jean sait très bien qu'il n'existe aucun cas pour lequel la raison du pourquoi consommer de la marijuana serait d'être en présence de personne de moins de 18 ans. Au fil du temps, il se peut que Jean se trouve par hasard dans des situations délicates comme celle-ci, mais il faudra porter attention à ces petits détails et ne pas faire exprès. C'est un brave Jean. Il peut avoir des doutes, il peut même être naïf parfois, mais sur les questions des moralités, il a droit à toute notre confiance. Il faut être mature pour consommer la marijuana. Une personne qui ne comprend pas les mesures à prendre pour éviter des situations immorales ne devrait pas se permettre de consommer de la drogue.

Beaucoup vantent les propriétés relaxantes de la marijuana. En vérité les effets relaxants qui se font sentir sont proches de ceux du tabac, c'est-à-dire de se créer des habitudes ou des dépendances et d'être en mesure de les perpétuer grâce à l'acte de la consommation. Souvent même, des Jean ne seront pas satisfaits de leurs joints s'ils n'y ont pas ajouté un peu de tabac dépendamment de leurs habitudes.

C'est donc dire que les propriétés relaxantes de la marijuana se trouvent beaucoup plus dans la satisfaction de l'acte de consommation que chimiquement dans la substance. Bien qu'il existe effectivement dans la marijuana des molécules susceptibles d'affecter les muscles et l'équilibre de dopamine dans le cerveau de Jean, je lui suggère d'éviter ce charabia médical pour s'en tenir à ce que lui ressent. Il ne verra jamais de farfadets se promener devant lui. Pour défendre l'usage de la marijuana comparé aux autres substances, je réfère toujours au fait que contrairement à l'alcool jamais personne ne perdra le discernement de la réalité avec les effets de la marijuana. Ce qui semble inacceptable à jeun restera inacceptable même après avoir consommé. Si Jean en vient à se battre sous les effets de la marijuana, ce ne sera pas parce qu'il a les facultés affaiblies mais plutôt parce qu'il a atteint un niveau de fatigue très élevé et qu'une source extérieure lui aura fait perdre patience. En d'autres mots, la marijuana n'est pas un carburant à la violence et parce qu'elle engourdit, s'il se produit une situation violente, elle sera rapide, brève comme un spasme et aura pour but de rétablir la tranquillité. Il faut bien comprendre ici que je ne dis pas qu'il est impossible de perdre la tête après avoir consommé de la marijuana, mais que par rapport à l'alcool pour lequel l'élément déterminant du point de rupture se trouve dans la quantité, ici c'est plus la personnalité de Jean qui influencera son niveau de conscience. Par personnalité j'entends ouverture d'esprit, résistance au stress, éducation, perceptions, mais également les maladies et la santé mentale.

La semaine passée, il a fait tellement froid que les tuyaux ont gelé. Je ne me suis pas plaint, mais j'ai tout de suite su que les propriétaires allaient quand même venir. Il y en a toujours un qui chiale. Je savais qu'il fallait que je fasse attention de ne pas fumer comme un jambon, mais c'était difficile, j'étais stressé. Directement après que j'ai compris ça j'ai roulé un joint puis je l'ai fumé pour en profiter avant que le monde ne vienne cogner aux portes. Quand je suis rentré du balcon la sonnette a retenti. Pour les gens qui ne me connaissent pas, je trouve que retentir c'est un beau verbe plein d'attentions et de revirements séduisants. Là, je peux dire que les effets relaxants de la marijuana ont pris le bord. Pas de panique, splash du savon dans la main qui pue, mâche et crache un peu de pâte à dent, puis après ça appuis sur la sonnette d'accueil. J'ai pris trop de temps à me préparer et quand j'ai appuyé personne n'est entré dans le bloc. Quelques minutes plus tard, j'ai entendu retentir la sonnette de la voisine d'en haut. Cette fois-ci, quelqu'un ouvrit la porte d'entrée, mais comme je ne l'entendais pas monter les marches, j'ai su qu'il se dirigeait vers mon logement proche duquel il y avait la salle de lavage et la tuyauterie. Ce n'était pas le propriétaire, mais un simple plombier qui venait réparer les tuyaux. Comme il avait sonné chez elle, la voisine d'en haut est descendue voir de quoi il en retentissait. Je l'avais vu il y a un an quand j'ai emménagé. Elle m'a dit qu'elle venait du Nouveau-Brunswick et que là-bas, tout le monde prenait le temps de se connaître et m'a invité à venir faire connaissance. Elle a ajouté que j'aurais dû venir lui dire bonjour. Je lui ai répondu que j'étais un peu gêné. En fait c'est vrai que je ne suis pas très social, mais c'est surtout parce que je consomme de la marijuana que je ne vais pas importuner les gens. Ce ne serait pas très futé. Elle m'a ensuite demandé si elle faisait trop de bruit. Je lui ai dit que non, que j'aimais le bruit qu'elle faisait. En contrepartie cela me permet de jouer de la flûte sans avoir de remords. Je joue de la flûte librement et par plaisir. À ce que je sache, la marijuana ne permet pas de mieux jouer d'un instrument. Elle influence la concentration, sur l'effort de jouer ses notes correctement et sur la motivation. Encore là, ce n'est pas si pire si vous ne pratiquez pas un instrument à vent qui requiert un souffle puissant et précis, mais si comme moi, vous jouez de la flûte, ça a des répercussions sur la respiration. Il y avait également un guitariste dans le bloc qui jouait très tard, elle le connaissait et voulait me le présenter pour que nous fassions une petite soirée entre voisins. J'ai dit que oui n'importe quand, puis elle est rentrée chez elle. Je n'hésitais pas à fumer un deuxième joint après cela. Aujourd'hui, une semaine plus tard, j'ai pris mon courage à deux mains puis je suis allé cogner à sa porte pour faire connaissance. J'avais encore fumé un joint avant pour relaxer. Elle était sur le point de se coucher en petite tenue, donc nous avons convenu que ce serait mieux le lendemain. Ça m'a rendu extrêmement nerveux alors dès que je suis rentré chez nous, je me suis roulé un autre joint. Dans ces cas-là, ça ne me dérange pas d'abuser, mais j'ai remarqué que neuf fois sur dix quand je fume un joint dans l'espoir de me calmer, ça ne marche pas. Au contraire cela me fait stresser davantage ou encore cela me frustre parce qu'il n'y a pas l'effet attendu. C'est toujours lorsque j'espère d'elle un effet relaxant que la marijuana me déçoit le plus. Je crois que cette anecdote donne un nouvel éclairage sur le cannabis. Les effets relaxants sont pour le moins négligeables et il ne faut surtout pas confondre un effet relaxant sur le corps d'un effet apaisant sur la conscience. Puisque les vertus relaxantes de la marijuana restent à prouver, la vérité c'est qu'il vaut toujours mieux s'en tenir au principe selon lequel on ne fume pas pour autre chose que fumer. Soit dit en passant, c'est un handicap de fumer pour un flûtiste, mais le fait de faire passer autant d'air est en contrepartie une bonne chose pour s'éclaircir les poumons.

Personnellement, je ne fume jamais pour dissiper une douleur physique. Mon opinion est que les propriétés soignantes que l'on attribue à la marijuana sont comparables aux effets relaxants, donc rappelons-le, la joie de satisfaire un besoin. Par extension de cette joie, le consommateur peut aussi déterminer que la marijuana est « bonne pour lui » par un effet semi-placebo, mais en tant que consommateur, je n'ai jamais recherché le cannabis pour l'utiliser comme un remède. À la rigueur, ça peut servir de tampon comme de manger du chocolat lors des peines d'amour. Je fume également la marijuana afin de garder le même état d'esprit. Il nous arrive à tous de sortir de nos chemins habituels, mais certaines fois, ce n'est pas souhaitable. Les artistes comprennent ce phénomène : il n'est pas désirable, à moins que cela fasse partie du message artistique, de percevoir deux états d'esprit différents dans une œuvre. Pensons non seulement, aux tableaux, aux films, mais aussi aux romans aux études et même les blogueurs qui se doivent de rester constant. Bref, il est souvent nécessaire de garder l'état d'esprit que nous avions adopté au départ. La marijuana offre cette constance d'esprit au moyen d'astuces, mais la motivation naturelle des gens d'arts, de sciences et de lettres à garder leurs esprits fixés sur leurs projets est de loin préférable. Pour revenir aux propriétés soignantes, oui la douleur peut changer, varier, s'estomper, sous les effets de la marijuana, mais jamais la consommation de cette substance ne guérira Jean de la grippe, du sida, d'une fracture ou du cancer. Beaucoup considèrent que la marijuana a des propriétés anti-cancérigènes tandis que les médecins sont presque unanimes à dire que dans toute fumée il y a des agents cancéreux. On ne sait donc pas trop à quoi s'en tenir là-dessus, mais c'est toujours le même principe selon lequel personne ne consomme la marijuana pour guérir du cancer. Bien des patients en consomment pour soulager leur douleur des effets secondaires de traitements contre le cancer. En revanche, des conséquences indésirables autant médicales que sociales peuvent survenir. Au premier échelon il y aura les nombreuses erreurs d'inattentions qui font partie du lot quotidien du consommateur de marijuana. Ensuite viennent les effets sur la durée, soit l'usure des poumons, du système respiratoire, sur la langue, le goût, l'odorat, l'odeur corporelle, le noircissement des doigts et des dents dues à la fumée, les yeux secs, enfin presque tout le corps est affecté. Le côté social des effets néfastes de la marijuana peut varier selon le Jean. Généralement, ce sera l'exclusion de certains milieux culturels qui pourra bouleverser négativement un consommateur. Les hommes auront plus de difficultés à trouver des amantes qui leur pardonneront de consommer et même s'ils parviennent à trouver chaussure à leurs pieds, la situation sera à contrôler au moyen de précautions comme le lavage des mains, des cheveux et des vêtements, le brossage de dents, le contrôle de l'odeur dans le domicile, de la cendre et cetera. C'est l'ensemble des conséquences indésirables pour le corps et l'esprit de Jean qui fait que les médecins hésitent à donner leurs accords à la légalisation ne sachant pas trop s'il y a plus d'inconvénients que de bienfaits. En d'autres mots, une drogue reste une drogue et produit plus souvent qu'autrement, selon la maîtrise de l'utilisateur, des effets négatifs. Selon moi, c'est tout de même un peu hypocrite quand on regarde les autres alternatives. Avec l'industrie pharmaceutique, il faut vraiment prendre le temps de peser le pour du contre, être honnête avec soi-même en premier. Ce sont quand même eux qui décident quelles nouvelles maladies seront diagnostiquées et traitées chaque année par le financement sélectif de ce qui leur rapportera le plus. Quelle joie de développer un produit qui sera nécessaire tous les jours pour un grand nombre et tout cela au nom de la santé. Il ne faut pas se faire d'histoire là-dessus, ce sont des revendeurs.

HISTOIRE DE JEAN

Tant qu'à faire un guide pour petit Jean pourquoi ne pas partager son histoire. Ceci est un extrait de mon premier roman *Le rien du tout*. J'ai choisi de vous le confier parce que c'est le souvenir que j'ai de mes débuts de consommateur.

"C'était le dix-septième anniversaire de Jeanne. En arrivant, elle nous accueillait dans une lumière tamisée. J'entendais déjà la musique entraînante qui venait d'en bas de l'escalier dans la noirceur du sous-sol. Elle s'est mise à danser en m'invitant à me joindre à la fête qui était encore plus relevée qu'à l'habitude parce qu'on célébrait son départ pour un voyage de 6 mois en Alberta. Durant cette fête, j'ai appris que Jeanne avait sorti avec Bajean, le gars au chapeau melon qui savait danser et que maintenant elle était en fait avec Benji. Jeanne était avec bien des Jean dans le fond. Je ne savais pas qu'elle les aimait à ce point, théoriquement mes chances viennent d'augmenter. Janique aussi est donc bien belle, mais j'ai fini avec Marie Bajean la petite sœur de l'autre. Mon premier baiser était dans le noir et mon premier joint deux heures plus tard.

Cette nuit-là, après que Marie Bajean fut retournée chez elle et que tout le monde s'est endormi, Jean voulut me parler d'un truc dans sa chambre. Il me faisait confiance car j'étais un bon cousin. À ce moment, je me suis rappelé ce que m'avait dit Jeanne en haut des marches.

- Jean est puni ce soir, il ne pourra pas fêter en début de soirée. Les parents ont trouvé de la drogue.

Jean ne voulait pas tant me parler dans sa chambre que me montrer une toute petite boule verte. J'ai été déçu de lui. De faire ça et de m'impliquer dans son pétrin mais en premier j'ai pensé qu'il était fou, qu'il avait complètement disjoncté. Qu'il voulait mettre fin à ses jours ou devenir l'esclave sexuel d'une grosse merde.

- T'es malade mental, je ne ferais jamais ça, t'es complètement fou.

- Shut tais-toi, mon père va débarquer dans chambre.

Jean était plus jeune que moi. C'est moi qui aurais dû lui demander de se taire. C'était tellement petit. Après un moment, j'ai changé de stratégie. Je serai toujours plus vieux que lui. Il a fait quelque chose que je vais devoir faire pour lui dire que c'est de la merde qu'il ne faut pas faire. Puis, comme c'est une petite boulette, il ne devrait pas y avoir de dommage. Même lui était convaincu de cette conclusion quand je lui ai exposé mon plan. Le détecteur de fumée que j'arrache du plafond sonne le glas final de notre idée sur la marijuana.

Ce soir, j'ai battu la drogue. Je suis un vrai homme, ça va bien, les choses marchent comme sur des roulettes. J'avais rendez-vous avec toi. Nous allions passer un moment ensemble, voir si nous pouvions former une alliance. J'étais con, je ne le croyais pas que la drogue c'était le début de la fin. Tu parlais d'amour, moi je te parlais de marijuana. Comme par hasard, toi aussi t'en avais. Les flocons de neige s'évanouissaient lentement les uns sur les autres et tu as perdu conscience. Par chance, j'étais assez proche de toi pour te rattraper dans ta chute, même si j'ai pensé que tu blaguais et trouvais ça extrêmement cliché. Tu ne te réveillais pas. J'ai commencé à ressentir que tu étais lourde et avec un petit sourire de merde au bord des lèvres, je marmonnais que c'était le début de la fin. Alors je t'ai porté dans le salon puis tu t'es réveillée et tu n'as plus jamais perdu conscience. Tu m'as récompensé pour ma bravoure. Ensuite, nous sommes sortis ensemble. Nous étions allés chez Kobe avant, mais après avoir vomi dans la salle à manger et dans les toilettes tu étais vraiment allergique aux fruits de mer finalement. Tu fumais parce que tu es musicienne et pour impressionner un de tes amis guitaristes sur lequel tu avais eu un crush, tu avais commencé à fumer. Tu aimais l'esprit du pot. Tout le monde fumait parce qu'au fond ce n'était pas grand-chose de fumer et dans ce sens-là j'avais toujours été niais.

La caissière du dépanneur est sortie dehors avec des remords, mais nous avions déjà la bière dans nos mains et pour quelques secondes encore nous étions réjouis. Elle nous a dit de faire attention et de rester discrets. Ensuite, acheter de l'alcool est devenu franchement banal. C'était ta fête, tu es lionne et nous allions à notre premier spectacle ensemble. Jace était avec nous lui aussi. Il sortait avec Porcijeanne.

- Et toi avec Monojeanne, qu'il répliquait.

Ça devenait la norme. Les événements se sont déroulés si vite que dans notre empressement, nous sommes finalement sortis avec vous même si ça ne devait pas faire partie de l'histoire. Après les avoir quittés, nous sommes allés chez toi et la première chose que j'ai sus de ton intérieur, c'est que tu avais un gros chien complètement fou qui s'appelait Toby et qui avait toutes les mauvaises habitudes. Nous avons écouté moulin rouge et c'est devenu notre film d'amour, mais ta mère est débarquée dans ta chambre et visiblement elle ne me faisait pas confiance. La lumière et la porte ouvertes, les couvertes sur le lit et nous dessus tandis que l'inspection toutes les cinq minutes me rappelait quelque chose de mon enfance. Toi, tu me faisais confiance.

Quelque temps plus tard, c'était le tour à Jace de vouloir fumer. Jeansur, c'est pourquoi nous l'appelions Jace. C'est chez lui que je dormais pendant les semaines que ma mère me crissait dehors. Il habitait un immeuble luxueux d'un coin lugubre proche de la rue Saint-Laurent. Quand nous sommes rentrés chez lui, il m'a présenté sa famille. Jace était kazakh de la guerre froide. Son père avait été un prospère directeur d'usine à saucisses pendant la période communiste avant de déménager ici. Il avait de si bons yeux son père qu'il lisait son journal sur le sol. C'était de la merde ici. Tout était mieux au Kazakhstan. Il buvait beaucoup de thé et mettait du lait dedans en me proposant des bouts de pain presque sec quand la sonnette a retenti. Son grand-père et sa grand-mère venaient faire une visite. Le père de Jace l'a appelé auprès de lui pour qu'il parle pendant au moins 30 minutes avec son grand-père. Je les regardais discuter en buvant mon thé dans lequel je trempais mon pain de plus en plus sec. Parfois, ils semblaient se parler plus fort que nécessaire. J'avais remarqué que les

Kazakhs se parlaient exagérément proche les uns les autres, mais je n'en faisais pas de cas parce que j'étais leurs hôtes. Quand ils eurent fini de parler kazakh, Jace vient me traduire ce que j'étais en droit de savoir. Pour commencer, son arrière-grand-père pouvait briser la hanche d'un cheval mature d'une seule main. C'était possible. Dans ce temps-là ils étaient forts, il y a juste à penser à Louis-Cyr. Ensuite, son grand-père, qui était le fils de cet homme fort là, avait fait la deuxième guerre mondiale du côté des Russes. Il était celui qui ramasserait la balle ou le fusil du soldat qui tomberait devant lui. Au cours d'un terrible combat, il avait été blessé. Après être tombé d'un immeuble, il s'était réveillé dans un lit d'hôpital allemand, car la bataille avait été si rude et salissante que les gens ne savaient pas qui il pouvait être. S'enfuyant dans la nuit, il est retourné combattre pour la fierté kazakhe. Voilà comment une chose en amène une autre. Jace était le petit fils et moi j'ai pu trouver un toit pour le mois. Comparé à lui, je n'avais pas de père et ma mère me crissait dehors comme cadeau de Noël. Mon grand-père était gratteux et avait besoin de lunette pour lire. Il m'a perdu dans la parade, perdu dans le nord du Vietnam.

Cette année-là, il avait pleut à Noël. Si c'était ça l'amour, Noël sous la pluie, comme une goutte d'eau entre mille, si c'était ça ma fusion ce n'était pas ce que je pensais. Je ne me sentais pas fusionné. Fusionner c'est quand tu n'as besoin de rien faire. On peut roupiller un moment. L'amour était ennuyeux à mourir. Quand on voulait un cadre il n'y en avait pas, il fallait tout faire à la main. Une fois le cadre donné, il fallait que je joue mon rôle en faisant semblant de ne pas jouer. Comme un double jeu. Oui, je ne t'aime je ne sais combien de pas. Nous avons débarqué à place d'arme. Ensuite, nous sommes allés voir le vieux port de nos nouveaux yeux dans notre jeu. Tu avais peur de me perdre tellement j'allais vite avec mes grandes jambes et je craignais que tu me trouves parce que je savais que si cela arrivait, je ne pourrais plus m'échapper. Tu étais sur le bord de me capturer, mais une avenue qui n'existe plus aujourd'hui s'est ouverte devant moi juste au bon moment. Nous avions du plaisir à ce que tu me pourchasses. J'ai remarqué que lorsque je tournais le coin rapidement et sortait de ton champ de vision, tu avais peur de ne plus jamais me revoir et je commençai à exploiter cette énergie que tu mettais à ne pas me perdre pour la simple fascination de voir enfin dans le monde une volonté de me trouver et une crainte que je m'échappe. Peu après j'ai eu des remords. Alors j'ai cessé de me cacher et suis allé en plein milieu de l'avenue enchantée. Je t'ai prise dans mes bras et nous avons enfin pu ressentir la chaleur du soleil que le vent frais nous refusait jusqu'alors. Il était onze heures et je remarquais que la matinée semblait se prolonger dans l'or. Mais qu'est-ce que j'allais faire d'un tel pouvoir? J'étais ridiculement puissant. J'ai commencé à essayer de te calmer. Une copine, c'est un pays. Oui, je te payifis silencieusement. Je plante ma croix. Le paysage me parle. Tu es québécoise."

Cet extrait qui comme vous l'aurez deviné est aussi une façon de vous taquiner l'envie de lire, renferme de nombreuses informations sur les circonstances de mes débuts de consommateur. Comme Jean peut s'en apercevoir, la curiosité de consommer la marijuana fut pour moi comme une locomotive qui m'a entrainé dans un tourbillon d'envies et de chances à prendre sans réfléchir. Pour commencer, la drogue peut vous prendre par surprise, le plus innocemment du monde dans une fête de famille et par les Jean même que nous voudrions protéger. Ce fut une grande fascination de voir que la marijuana avait passé tous les murs protecteurs pour se rendre en plein cœur de ma famille dans les mains de Jean. Je pourrais plaider que les circonstances étaient favorables, que la plupart des Jean auraient fait pareil, ou plus honnêtement avouer que je n'ai pas su quoi faire et la curiosité l'a emporté. Cependant, de notre inhabileté à manipuler la marijuana moi et Jean, nous n'avons pas pu consommer adéquatement puis l'alarme de feu est partie. Ma première consommation fut franchement ratée me laissant avec mes doutes sur la marijuana. Lors de ma deuxième consommation avec Monojeanne qui s'est évanouie dans mes bras, je n'ai toujours pas eu de buzz avec toute l'adrénaline de ne pas savoir quoi faire avec une femme inconsciente. De plus, je ne savais pas si c'était à cause de moi qu'elle avait perdu connaissance ou parce qu'elle avait consommé de la marijuana. Ça laissait la place à un peu de romance dans ma vie. Comme la marijuana ne m'avait toujours pas fait d'effet, je préférais donner une chance à l'amour et croire que c'était moi. Il le fallait parce que cette fille allait bientôt être, mon seul soutient après que ma mère m'ait crissé dehors. Je ne pouvais quand même pas squatter chez Jace toute ma vie. Ma mère m'a crissé dehors la veille de Noël parce que mon cousin Jean avait consommé de la drogue et comme j'avais toujours été le plus malin des deux ce devait être directement de ma faute. Ce fut surtout la peur que j'infecte mes frères et sœurs qui la précipita à me mettre à la rue.

Je voulais faire un portrait de Jace dont la famille qui venait d'un pays duquel je ne connaissais rien était pourtant très accueillante. Avec des générations de gens normaux qui ne se font pas chier entre eux pour du cannabis. Venant d'une famille kazakh, il serait impensable de jeter son fils à la rue pour une affaire de marijuana. Ce n'est après tout qu'un petit détour après ce qu'ils ont traversé de guerres et d'épreuves. Au Kazakhstan tout peut arriver parce que tout est arrivé. Là-bas, c'est l'opium qui est consommé. Pour eux, la marijuana c'est du gazon. Cette troisième consommation fut assommante. C'est à partir de là que j'ai commencé à ressentir les effets de la marijuana. Chaque fois que je consommais, je me sentais très lourd et engourdi. J'avais comme des bourdonnements dans les oreilles ce qui me faisait me perdre dans mes pensées. Après Jean et ma copine, Jace était la troisième personne à me proposer de fumer. En réalisant que la marijuana était en fait très populaire auprès de mes connaissances les plus proches, je me suis moi-même de plus en plus ouvert à la consommation. Pendant cette période, j'ai souvent hésité à lâcher définitivement la marijuana. N'étant pas habitué aux effets, je trouvais que l'engourdissement était en fait plutôt néfaste parce qu'il m'empêchait parfois de faire des tâches importantes. C'est toutefois en consommant régulièrement avec ma copine que le goût et l'habitude ont évolué vers une appréciation toujours plus grande de la marijuana. Nos familles à moi et Jace étaient très différentes, la sienne avait d'autres priorités, mais cela ne nous a pas empêchés de nous réunir pour consommer. Me faire crisser dehors par ma mère n'a fait que me pousser dans les bras de la marijuana.

Ce n'est pas pour rien que je vous présente comment s'est déroulé mon premier amour, car je crois que la manière dont se sont développé cet amour et mon goût pour la marijuana partagent plusieurs points en commun. Nous entendons tous parler d'amour à un très jeune âge, car c'est une valeur universelle. Nous savons tous qu'un jour ou l'autre nous serons confrontés à lui et que nous aurons peut-être besoin de lui un jour. En revanche, on entend rarement parler de drogue et ne savons pas si nous allons y être confrontés, mais espérons tous n'en avoir jamais besoin. Car même bien jeune, on comprend que la drogue d'un homme est une de ses faiblesses. Or ce que nous n'imaginons pas, c'est que l'amour aussi est une grande faiblesse malheureusement. Après que nous en ayons tant entendu parler, quand on le rencontre, on ne veut plus s'en départir. On s'invente des raisons, des destins et on y croit. C'est irrésistible, comment refuser un premier amour? On est tellement prêt à savoir ce que c'est qu'on accepte tout. On veut la connaissance. On va s'amuser avec comme si c'était un pouvoir magique. On veut penser et ressentir exactement la même chose que l'autre de peur de trop s'éloigner et de se perdre. Soudain on oublie qu'on a été seul, on se perd, on se sent perdu sans l'autre. Tous ces sentiments vous avez deviné qu'on les retrouve aussi dans la découverte de la marijuana. D'ailleurs, rappelez-vous comment les filles nous ont répugnés pendant une période? Elles étaient si mystérieuses. Moi, au début, je n'étais pas sûr d'aimer. Comment savoir si j'aime vraiment pour la première fois? Je ne comprenais pas. Je me demandais si ce n'était que cela l'amour, un accord comme un pacte avec le diable qui nous donne le droit de toucher et de goûter. Un peu comme Obélix qui veut toujours avoir de la potion magique alors qu'il est tombé dedans quand il était petit. Une fois Panoramix lui en donne et il est très satisfait sans comprendre que c'est comme avaler de l'eau. Obélix dans le fond veut simplement être comme tout le monde, c'est ça qui lui ferait plaisir.

La plupart du temps, les premières fois sont toutes de bien belles illusions qui nous serviront de leçon plus tard quand viendra le temps d'écrire un guide. Au bout de cinq ans, ma copine que je pensais éternelle pour toutes les aventures que nous avions vécues ensemble m'a laissé aussi rapidement qu'elle est entrée dans ma vie. Ni ce commencement à saveur de destinée qui nous avait unis d'une façon particulière, ni notre consommation de marijuana qui prolongeait ce rêve, n'ont servi à quoi que ce soit. À ce jour, nous ne nous sommes pas encore reparlé. Jace, dont l'actuelle femme est l'amie d'enfance de

Monojeanne, lui non plus je ne l'ai jamais revu depuis. Enfin, j'ai moi-même décidé de ne plus revoir ma famille qui m'a interdit l'accès à Jean, mes frères, ma sœur et mes autres cousins. Cela fait une dizaine d'années que je vis en ermite. La marijuana n'est pas responsable de cela. Comme je l'ai déjà dit, un moment donné, il faut assumer, car on ne peut lui mettre tout sur le dos.

DAVID BOLDUC

CONSEIL POUR LES JEUNES

Je n'ai jamais cherché à trouver de la drogue, c'est elle qui m'a trouvé. Une première copine, c'est irrésistible. Parfois, parce qu'il n'y a pas d'autre choix, on dirait que l'amour est la seule chose de disponible. Il se dresse devant nous comme s'il était la preuve dont nous avions besoin, que nous attendions pour continuer. L'illusion parfaite. À l'époque j'avais l'impression de jouer avec un poison et au début j'étais très prudent. Je croyais stupidement aussi que suite à une consommation de marijuana, une série d'événements malheureux se produiraient très rapidement et mèneraient à de lourdes conséquences se soldant très probablement par une mort misérable. Plus tard, j'ai été très frustré de comprendre que la plupart des choses que j'avais entendues au sujet de la marijuana étaient injustifiées. Des mensonges de la pire espèce : ceux engendrés par la peur. J'allais renchérir en disant la peur de l'inconnu, mais je ne suis pas assez borné pour penser que l'être humain ne connaît pas les effets du cannabis après des milliers d'années d'utilisation. Oui, mes parents ont eu peur de l'inconnu alors ils ont préféré adhérer à la vision conservatrice de la société et maintenant que les mentalités ont changé ils se retrouvent perdus et j'avais raison, mais cette raison m'a coûté plus que d'avoir tort. Au lieu de faire leurs propres conclusions, ils ont préféré suivre un code social et celui-ci a mené à mon isolement de la famille. Pendant une dizaine d'années, je me suis retrouvé complètement isolé socialement. Je n'ai plus jamais revu Monojeanne et mes amis de l'époque. À travers ça, je n'ai pas cessé de m'accrocher à la marijuana pour survivre sans comprendre que ce que j'avais à perdre, je l'avais déjà perdu. Peu importe ce qu'on choisit de faire, il faut toujours en assumer les conséquences. Les plus gros problèmes que j'ai eus avec la marijuana ont été causés par des gens qui en avaient peur et qui se sont laissés aveugler par un code social. Malheureusement, le fruit d'une plante peut diviser une famille et une nation. C'est arrivé et cela arrivera. Ceci est le conseil que je n'ai pas reçu : on choisit ses batailles. Une des plus grandes erreurs de ma vie fut de penser que jamais la marijuana ne pourrait m'arracher ma famille. Au fond, la drogue n'avait jamais été importante dans la conversation. C'était en fait mon identité au sein du groupe que je contestais. Comme je l'ai dit, en général, la marijuana ne vaut pas la peine de prendre un risque regrettable. Mon style de vie n'est pas adapté pour tout le monde.

Voilà ce qui se passe. Il y a vraiment un moment donné dans la vie où on sent qu'on s'éloigne. On a le sentiment d'être quelqu'un d'unique. Les parents sont dans le champ, les amis sont aux bases, les professeurs à l'arrêt-court, la foule est en délire, on veut rentrer à la maison, mais il y a déjà deux prises, puis vient la fameuse balle papillon. Rares sont les joueurs qui ont la détermination de faire un amorti sacrifice pour gagner la partie de manière certaine. Nombreux tentent leurs chances en s'élançant de toutes leurs forces, mais il n'y a vraiment que petit Jean qui est capable de la cannée. Alors la seule question qu'il faut se poser c'est : est-ce que ça lui tente? Moi ça m'a tenté. Ça m'a tenté de faire un guide fou. Ça m'a tenté d'être fou. Or, il n'y a rien d'unique là-dedans. Si je pouvais donner un conseil au jeune que j'étais, ce serait d'étudier en informatique, mais si je pouvais en donner un deuxième, ce serait de ne pas penser que la terre tourne autour de moi. Elle tourne autour de ce qu'on aime. Si c'est la famille, c'est la famille, si c'est les amis, c'est les amis, si c'est la mari, c'est la mari.

Plus spécifiquement, je sais que Jean est brave, qu'il peut en prendre plus que les autres, mais je sais aussi qu'il tient à ses parents. Il faut qu'il les respecte dans ce qu'ils ont de légitime. L'amour qu'on porte à sa famille, c'est l'économie de toute une vie. À un moment, il faut que Jean suive son cœur. Si la consommation de marijuana est son seul vice, à la limite c'est bien. Attention de ne pas collectionner les problèmes, de ne pas trop sombrer dans la facilité et la faiblesse. De ne pas chercher des excuses, toujours assumer ses choix et son identité. Les parents nous leur devons au moins la vérité. Il faut toujours privilégier leurs conseils et leurs règles. Ne pas faire exprès de jeter de l'huile sur le feu. J'étais un étudiant qui n'avait pas besoin d'étudier pour réussir. J'étais arrogant, impulsif et fourbe. Fourbe ça sonne comme ce que j'étais le plus. Je le savais que j'étais de même et j'ai toujours assumé que je me trompais à quelque part. C'est pourquoi je me gardais une gêne. J'ai respecté les couvre-feux, les consignes, la sobriété dans le domicile. Malheureusement ça n'a pas été assez mais je l'ai fait. En souhaitant toujours donner cette chance de plus à mes parents d'être des modèles. C'est peut-être en apprenant à se connaître que Jean discernera ce qui est acceptable de ce qui ne l'est pas. Faut toujours penser à prendre le dernier parachute de sauvetage si on ne veut pas faire un flat sur la bedaine. Il y a un tas de choses que je suis devenu en consommant de la marijuana. Aujourd'hui, je ne me vois pas autrement, mais il y a aussi de nombreuses choses que je n'ai pas pu être.

CONSEIL POUR LES PARENTS

Tout le monde veut savoir quoi dire à son enfant qui grandit et à son jeune adulte. Il y a des choses qu'on peut leur dire avec assurance, pour d'autres on peut les référer, mais il y a certains sujets qu'on ne peut pas, ou qu'on ne sait pas comment aborder. Parfois même il arrive qu'on ait la chance de prendre son neveu d'homme à homme pour lui parler de notre expérience, mais on se ravise à la dernière minute pour simplement lui conseiller de faire les bons choix dans la vie. Quoi lui dire d'autre? Il a des parents, des amis, ce que j'ai vécu à mon époque pour lui c'est déjà du folklore. Il n'y avait pas de réseaux sociaux dans le temps de mes parents, il n'y avait pas de marijuana légale à mon époque. La meilleure chose à faire en tant que parent est de se mettre à jour et voir la marijuana pour ce qu'elle est.

Pour cela, il y a trois solutions. Soit il faut la tester, soit il faut faire confiance à un bon testeur, soit il faut faire confiance à Jean. Il n'y a pas d'échappatoire pour vraiment savoir ce qu'est la marijuana, il faut que quelqu'un s'y trempe. Autrement, on peut bien s'en remettre à statistique Canada et autres sources gouvernementales, mais à ce stade ils ne peuvent vraiment rien nous apprendre. Leur crédibilité souffre de trop de facteurs. Manque de fond, chiffres douteux, confiance brisée, tous se rendent compte qu'il y a un problème dans les informations sur la marijuana. En fait, il n'est pas du tout nécessaire de se mettre à jour, car on ne peut pas se mettre à jour pour toutes les petites choses qui nous inquiètent chez Jean. Il faut trouver un moyen de faire confiance à son jeune. Pas confiance qu'il ne mentira pas, qu'il ne sacrera pas, mais confiance qu'il survivra.

Personnellement je penche pour que les parents demeurent sobres. Malgré toutes leurs autres faiblesses, la fermeté de mes parents sur ce point est un fait d'armes que j'apprécie aujourd'hui dans le sens que cela n'ait pas changé grand-chose pour moi, mais que pour eux cela leur a permis de conserver une image assez digne, si on fait fi de leur consommation de bière. Moi-même, avant de faire un enfant je ne pourrai me permettre de continuer d'être un fumeur. Qu'une chose soit claire, personne ne souhaite que son enfant ne devienne fumeur.

On souhaiterait tous n'avoir pas besoin de cela, comme on souhaiterait tous de n'avoir pas besoin de sel. Donc le message le plus fort qu'on peut donner à son jeune, c'est d'abord de montrer l'exemple. S'il n'y a pas de sel à table ni dans les plats, petit Jean ne prendra pas goût très jeune au chlorure de sodium. Bien sûr, il pourra développer ce goût plus tard et dans ce cas, il faut l'accepter. Je suis en train de me demander si je ne devrais pas écrire poivre à la place parce qu'il y a des gens qui vont dire que le sel est essentiel pour l'homme tandis que la marijuana non. Le monde capote, c'est ça être malhonnête. Pour parler à son jeune, il faut avant tout faire un travail sur soi-même. Ne pas le trahir dans ses paroles ou dans ses actes. Au retour, si Jean se met à consommer, il ne faut pas non plus le prendre comme une trahison. La meilleure chose à faire en tant que parent est d'assumer très tôt que son jeune a ou va consommer. Non pas parce que tous les jeunes consomment un jour, mais pour se préparer d'avance. Tout comme on se prépare à ce qu'ils boivent de l'alcool. Pourquoi se chercher une limite?

Une fois qu'on accepte la marijuana pour le pire et le meilleur, on peut enfin commencer à se demander quelle est la bonne façon de réagir. Comment réagir si par exemple Jean arrive au domicile familial avec les facultés affaiblies? D'une façon ou d'une autre, vous allez vouloir lui faire remarquer, mais qu'adviendra-t-il si un jour, vous soupçonnez une consommation qui n'a pas eu lieu? Les soupçons sont les germes de la méfiance. Quand on commence à se méfier de Jean, c'est qu'on passe à côté de l'objectif. Si chaque fois qu'on voit Jean, tout ce qu'on se demande c'est son niveau de cannabis dans le sang, il faut revoir ses priorités d'inquiétudes. Peut-être qu'il a fumé, qu'il a commencé la semaine passée, qu'il fumera le restant de ses jours, mais ce n'est pas une bonne grosse méfiance blessante et décourageante qui y changera quoi que ce soit. Généralement les jeunes veulent rendre leurs parents fiers. Même s'ils peuvent finir très différemment, les parents restent toujours des modèles. C'est important de représenter le bon modèle. En tant que support, faites leur part de vos sentiments honnêtes, mais sans exagérer l'angoisse. Une bonne occasion de remettre les pendules à l'heure, réaffirmer son serment d'allégeance. Ne pas se sentir blessé chaque fois qu'on a un doute que Jean a fumé malgré toutes nos inquiétudes. Parfois, une bonne plonge est inévitable. Il ne faut pas partir en panique, les erreurs sont des étapes nécessaires pour parvenir à la maturité. S'assurer d'être là quand il le faut et présenter un modèle qui fonctionne, c'est à peu près le mieux qu'on peut faire. Déceler la tristesse, chérir la confiance. Parfois, c'est à croire que certaines personnes n'ont jamais été jeunes. Qu'elles aient toujours eu un comportement vertueux et n'ont jamais ressenti qu'un adulte se payait leurs têtes. C'est important d'avoir une bonne mémoire. Je me demande comment on peut oublier à quel point c'est intimidant un adulte. Ce n'est pas qu'une question d'âge, il y a toute la pression sociale de vouloir être comme ses parents, de réussir, d'avoir un toit, un support. Cultiver une méfiance envers Jean, c'est la dernière chose à faire si on tient à lui. À mon sens c'est soit chercher une raison pour obtenir un contrôle sur Jean afin d'en faire sa chose ou à l'opposé et parfois inconsciemment de trouver un motif de se distancier de lui.

On appelle ça de la manipulation. Avec cela vient l'autojustification:

- Il fait ses choix.

Et

- C'est sa décision.

Non, ce ne sont pas ses choix. Jeans ne souhaite pas perdre les gens sur lesquels il a bâti ses fondations toute sa vie. Le simple fait de proposer une limite ultime est déjà une trahison aux yeux de Jean. La méthode *tough love*, comme on l'appelle, n'est rien d'autre qu'une déresponsabilisation. Établir clairement que notre amour et notre support envers Jean sont conditionnels à ce qu'il respecte les règles. Soit tu es mien soit tu n'es rien. Pour un enfant je crois que c'est le pire des messages. Selon moi, si un parent a ce genre de réaction, c'est qu'il y a bien plus qu'un problème de consommation dans cette famille.

Mais alors que faire? Doit-on tolérer et manquer à son devoir de parent, doit-on interdire, punir, limiter, contrôler les fréquentations, fouiller, faire des tests de dépistages et passer au détecteur de mensonges? Je ne suis pas sûr de ce qu'il faut faire en ces cas-là. Ce dont je suis certain, c'est que peu importe la réaction d'un parent, il faut toujours privilégier le lien de confiance et ne jamais laisser un doute que l'adulte supportera toujours le jeune.

DAVID BOLDUC

LE RITUEL

L'expérience m'a appris qu'il ne fallait pas avoir de scrupule à se répéter constamment. Peut-être qu'une large portion de ce que j'ai écrit est fausse. Cela semble faire du sens, mais qui sait si je n'ai pas omis certaines choses et si je n'en aurais pas inventé d'autres. Les caractéristiques d'un rituel se creusent dans le temps. La manière de fumer, le lieu et l'heure de la consommation, les gens avec qui Jean fume, tout cela laisse une trace. Puis à force de retravailler le tableau pour qu'il soit parfait, nous finissons par y reconnaître une touche personnelle. Sans aller jusqu'à dire que c'est une quête d'identité, dans un rituel il y a certainement une forme d'expression et un consommateur expérimenté saura apprécier les différences d'une personne à l'autre. Avoir ses traditions personnelles, écrire sa propre aventure. Le rituel tient de l'art, il faut d'abord observer ce que les autres font puis travailler sa recette secrète. Quelque chose que nous apprécions davantage et qui deviendra un peu notre marque de commerce.

Le rituel le plus connu dans le monde c'est le 420. La légende veut que ce soit bêtement vingt-minute après quatre heures, soit le temps moyen que met « un travailleur de l'usine » pour se rendre à la maison et se rouler un joint. En fait, c'est à force de répéter ce geste que Jean a fait la remarque une bonne fois que probablement pas mal de monde fumait à cette heure-là. Tous les consommateurs qui apprécient la marijuana se sont déjà demandé un jour ce qui adviendrait si la planète au complet fumait au même moment dans une sorte de grand rituel. C'est le vieux rêve d'unir l'humanité et la marijuana offre beaucoup de carburant à ce genre de fantasme. Le joint de quatre heures et vingt est comme le *wake and bake* des Jean normaux. À la force de répéter le même geste de consommation, Jean s'est dit que s'il y avait un tel moment d'unité dans le monde, ce pourrait bien être à quatre heures et vingt de l'après-midi. Manger et dormir ne nous unis pas en tant qu'humain, car ce sont des besoins vitaux propres aux êtres vivants, mais fumer oui. Fumer caprice, fumer gâterie, fumer détente, fumer chocolat. C'est humain le chocolat, mais peu de gens en mangent quotidiennement à quatre heures et vingt.

Comme je l'ai mentionné, il faut avoir la bonne préparation mentale pour consommer la marijuana. Il ne suffit pas de contrôler le lieu, la manière de fumer et tous les petits détails du monde tangible, Jean doit aussi prévoir un cadre spirituel à l'intérieur duquel il sera plaisant de consommer. Ça évitera peut-être les crises de panique, de fatigue et les fameuses psychoses. Il est facile de sous-évaluer le risque de psychose pour un gros Jean de deux cents livres comme moi. Pourtant il arrive vraiment que des Jean perdent les pédales après la consommation de marijuana. La préparation mentale est la meilleure stratégie contre la psychose. Parfois le cadre spirituel est un personnage qu'on s'invente, au début surtout ce sera un aventurier. Parce que cela ne fait pas de sens de consommer une drogue pour la première fois et de s'attendre à garder ses moyens. Au contraire, c'est aller vers l'inconnu et si Jean n'est pas prêt à accepter mentalement de remettre en question certaines choses qu'il croyait acquises, cela peut mener à des résultats de psychose. Le cadre spirituel joue un rôle d'amortisseur. Oui, ça peut tourner intense, le battement du cœur est irrégulier, Jean ne sait pas comment il se sent, mais tout ça c'était prévu d'avance et ce n'est pas non plus la fin du monde. Même s'il finit par vomir (extrêmement rare) ce ne serait que normal, car l'être humain vomit quand il est trop intoxiqué. Le consommateur est seulement une partie de Jean, comme un masque qu'il met. Une protection qui permet à Jean de prendre une distance par rapport à tout ce qui pourrait arriver de bouleversement spirituel. En mettant ce masque, Jean accepte d'être petit et de ne pas savoir grand-chose. Il ne vient pas en preux chevalier des vertes prairies châtier ses démons intérieurs, mais comme l'écuyer avisé qui rêve d'apprivoiser le dragon. Si la crise persiste, le cadre devra être assez solide pour contrôler le dérapage. Bien qu'une psychose soit une expérience très déroutante, le fait qu'elle soit due à une consommation de drogue peut être rassurant. En connaissant la source du malaise, il devient plus facile de relativiser.

Par exemple, la tension extrême d'une question existentielle sera vite détendue en songeant qu'elle n'a pas empêché Jean de dormir la majeure partie de sa vie avant qu'il ne consomme de la marijuana. En dernier recours, quand la psychose est trop avancée il reste encore la consolation du temps. Avant de faire de grandes déclarations et d'entamer des actions regrettables, Jean devrait laisser passer quelques heures pour voir si ses envies perdurent dans le temps. Le plus souvent les remises en question soudaines perdent de l'intérêt après l'expérience de consommation. Il ne fait pas de sens de céder à la panique pour une idée qui n'a jamais dérangé Jean de toute sa vie et dans l'angoisse disparaîtra une fois les effets estompés. Le rituel est à mon avis la meilleure des préparations mentales, car le fait d'avoir un plan, un contexte de risque acceptable et une vision d'ensemble réduit la zone de panique. Ce qui caractérise la panique est le fait de devoir agir rapidement sans avoir d'indication, donc tout le contraire d'un rituel.

C'est peut-être une des plus grandes expériences de la vie de pouvoir se remettre en question. Pour moi, ça veut littéralement dire se poser plein de questions les unes à la suite des autres : Pourquoi nous sommes-nous battus? Que disparaîtra donc? Quoi de ma pensée ou de la matière se détériorera? Ou suis-je ou où suis-je? Dans le sens de tout cela que non mais ou peut-être par je ne sais quel miracle suis-je réellement en train d'être? Une fois que la période de dérapage est maîtrisée, il est vraiment possible d'en profiter en explorant chaque détail de ces questions. Avoir la bonne préparation mentale n'aide pas seulement à ce qu'une expérience soit positive, mais également à atteindre un bon niveau d'intensité. Si Jean ne se donne pas la peine de se faire des illusions, d'embarquer dans l'histoire, sa consommation sera comme une coquille vide. Il ne fait pas de doute que l'attitude de Jean est un facteur clé pour une consommation réussie. Un bon rituel canalisera assez son attention pour qu'il laisse tomber un instant les obligations de la vie. Ne serait-ce que symboliquement, une expérience de consommation positive est favorisée par un rituel? Que Jean l'utilise comme un frein ou un accélérateur, cela reste un outil qui aide à maintenir de la cohérence dans sa consommation. Il ne doit pas y avoir de gêne à modifier un rituel.

REDESCENDRE

Bien souvent, ce n'est pas tant un objet qui a de la valeur, mais son histoire. Le rituel comme accessoire est le dernier paramètre de la consommation à maitriser. Après avoir fumé et que les effets se soient dissipés viendra un moment où Jean ne se sentira plus aussi engourdi. Alors ce sera le temps de décider s'il consommera encore ou s'il en a eu assez. À moins de combattre l'envie rigoureusement, les poumons ne sont pas rassasiés, c'est le sommeil et la fatigue qui mettent un terme à la consommation du jour. Commencer tôt le matin influence tout le reste de la journée. Je pense souvent à l'analogie du miel et du vinaigre pour relativiser ces choix de consommation. Les hauts et des bas de la vie sont nécessaires pour apprécier pleinement la valeur de ce que nous avons. Sans point de comparaison, il est difficile de connaître une valeur. En d'autres mots, le manque et la tentation font aussi partie de l'expérience de consommation. Il ne faut pas chercher à être toujours comblé sans quoi le bonheur que cela apporte sera dévalorisé.

À travers les débats sur la marijuana il y a beaucoup de fausses informations, de préoccupations exagérées, d'illusions aussi mais très peu de points de référence. À l'entrée du temple de Delphes, l'inscription la plus connue est « connais-toi toi-même ». Oui, ce temple si mystérieux où tant de choses semblent avoir été révélées, mais dont on n'entend parler qu'en conclusion. Consommer de la drogue sous-entend prendre un niveau de responsabilité de plus, il faut s'assumer. C'est une fois que Jean a fait son propre chemin que ça devient intéressant de pouvoir se mêler au débat public avec son expérience comme point de référence et qui dit point de référence dit proverbes :

Rouler un joint à qui sait attendre.

Joint qui roule ne passe pas tousse.

Un gros joint comme demain.

Rien ne sert de sourire il faut passer le joint.

Rouler à brule pour joint.

Quand le sac est fini, c'est l'accoutumance.

Qui puff à deux puff un peu.

Qui fume autant récolte un mal de tête.

C'est vert comme dans mes poches.

Petit joint va loin…

www.ingramcontent.com/pod-product-compliance
Lightning Source LLC
Chambersburg PA
CBHW061811250726
48657CB00001B/381